小学**6**年

難易度・分野別問題集

ウイニングステップ

社会①地理

**NICHINOKEN
BOOKS**

ウイニングステップ問題集の特色と使い方

本書は中学受験を目指す小学生の皆さんが、志望校突破のための合格力を身につけられるように作られています。また、近くに通学できる私立・国立中学校のない小学生でも、中学入試問題に実際に取り組んでみることによって、全国レベルでの自分の学力を知り、伸ばすことができます。

●――本書の特色は次のとおりです。

①中学受験で最高の実績を誇る日能研が過去の入試問題を徹底的に分析し、構築したデータベースをもとに、実際の入試問題を難易度・分野別に再構成してあります。

②志望校の入試問題の出題分野や難易度に応じて学習できるように問題が配列されています。

③各レベルの各分野ごとに例題がついています。例題ではその分野の代表的な問題をとりあげ、解答するためのヒントや解説をつけています。例題部分を先に学習することによって、理解が進みます。

④入試演習問題は各レベル・各分野ごとになるべく多くのパターンの問題をのせています。また、つまずきやすいところには理解を助けるためのヒントがついています。ひととおりチャレンジすることにより、広い範囲の力をつけることができます。

本書を使って学力を身につけるにはいくつかのやり方があります。以下に主なやり方をあげましたので、自分にいちばんあったやり方を見つけてください。

【1】 とくに苦手な分野があれば、その分野を選び、レベルAから攻略する。

【2】 志望校で出やすい分野を選び、志望校の出題レベルにあわせて攻略する。

【3】 志望校で出やすいレベルの全分野の問題を攻略する。

【4】 各分野ごとに、志望校にいちばん近いレベルの問題を重点的に攻略する。

この『ウイニングステップ問題集』では入試問題の各教科を分野ごとに「レベル」A〜Cにわけて収録しています。この「レベル」は中学受験を目前にした12月に入試問題がそのまま出題されたと仮定したときの、日能研6年教室生の正答率を過去のデータから予想したものです。正答率とレベル表示の対応はおよそ、下のとおりです。正答率が高ければ易しい問題、低ければ難しい問題といえます。

難　　度		A	B	C
正　答　率	国語・算数	100〜60%	60〜30%	30%未満
	社会・理科	100〜70%	70〜40%	40%未満

したがって本書のレベルという言葉には統計的な視点がおりこまれているのです。

本書を学習することによって中学受験を突破できる学力を確かなものにしてください。

社会 ① 地 理　●目次

日本の自然

例題　各地の気候の特色をとらえる

■　下の地図は日本の主な川と火山を示したものです。地図を見て，後の問いに答えなさい。

問1　次の川の位置を地図中の番号（①〜⑪）で答えなさい。また，その川の河口に広がる平野名を書きなさい。

　　㋐　信濃川　㋑　北上川　㋒　筑後川　㋓　吉野川　㋔　木曽川

問2　次の火山の位置を地図中の記号（ⓐ〜ⓕ）で答えなさい。

　　㋐　大雪山（旭岳）　㋑　三原山　㋒　阿蘇山

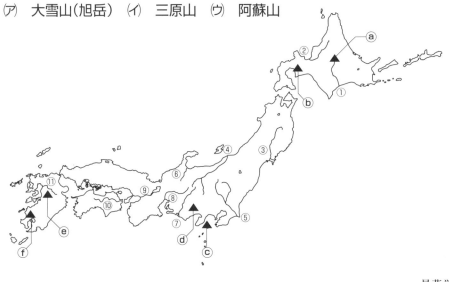

晃華学園中

解説

　山から流れ出た川は，土や砂を運び，流れがゆるやかになる場所に積もらせます。日本の平野の大部分は，こうしてできた堆積平野です。また，こうした土地には，**扇状地**や**三角州**といった特色ある地形が見られます。

　日本には，活動するおそれのある火山が多くあります。こうした火山は，その分布によって，大きく東日本火山帯と西日本火山帯に分けられますが，地理的なまとまりや，噴出する岩石の種類によって，さらに7つの火山帯に分けられていました。

日本の川と平野・盆地・台地

❶ 上川盆地 ❺ 郡山盆地
❷ 北上盆地 ❻ 長野盆地
❸ 山形盆地 ❼ 諏訪盆地
❹ 福島盆地 ❽ 甲府盆地

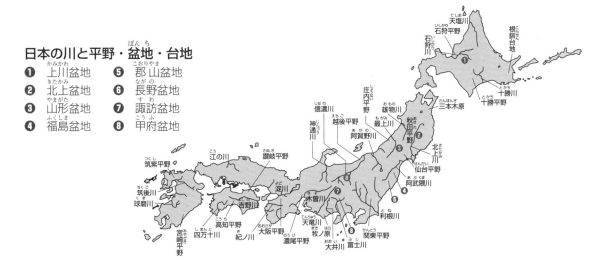

日本の主な火山と火山帯

1．大雪山
2．鳥海山
3．蔵王山
4．磐梯山
5．那須岳
6．浅間山
7．富士山
8．三原山
9．乗鞍岳
10．御嶽山
11．白山
12．大山
13．阿蘇山
14．雲仙岳
15．霧島山
16．桜島

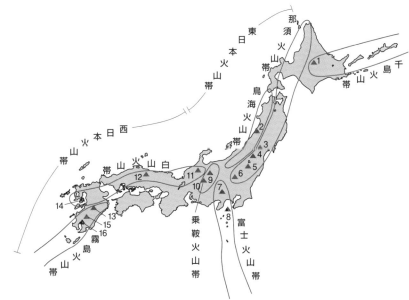

入試問題演習
(☞ 解答は112ページ)

1　次の日本地図を見て，各問いに答えなさい。

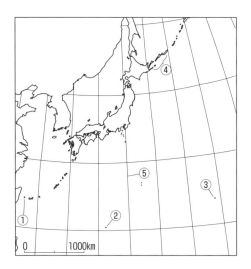

問1　日本の国土の特徴について述べた文として<u>誤っているもの</u>を次の中から１つ選び，その記号を選びなさい。

ア　日本は４つの大きな島と，その周辺にある無数の小さな島々からなっていて，南北の距離は約3000キロメートルにもなります。

イ　日本列島は山がちで，国土の２分の１は山地です。火山も多く，しばしば地震もおこります。

ウ　国土がせまく山がちのため，日本の川は短くて急なものが多く，季節による水の量の変化が大きいのが特徴です。

エ　日本の平野は，川が山地から運んできた石や砂がたまってできたもので，扇状地や三角州をかたちづくっています。

問2　地図中の①は日本の西端の島です。なんという島ですか。正しい島名を次の中から１つ選びなさい。

ア　与論島（よろん）　イ　西表島（いりおもて）　ウ　石垣島
エ　与那国島（よなぐに）

問3　地図中の②は日本の南端の島です。なんという島ですか。正しい島名を次の中から１つ選びなさい。

ア　南鳥島（みなみとり）　イ　南大東島（みなみだいとう）　ウ　沖ノ鳥島
エ　硫黄島（いおう）

日本は約7000の島々からなる島国。海岸線は複雑で約35000kmにもなる。

日本は現在活動している火山の60%をふくむ環太平洋造山帯（かん）の一部で，国土の約４分の３が山地になっている。

外国人は日本の川を見て，まるで滝（たき）のようだとおどろいたそうである。

川が運んだ土砂（どしゃ）が積もってできた平野を堆積平野（たいせき）という。その中に扇状地（せんじょうち）や三角州もふくまれている。

入試問題演習

考えるヒント

問4 地図中の③は日本の東端の島です。なんという島
ですか。正しい島名を次の中から1つ選びなさい。
ア 南大東島　イ 南鳥島　ウ 父島
エ 沖永良部島

問5 地図中の④は「北方領土」の島々です。もっとも
面積が大きい島はどれですか。正しい島名を次の中
から1つ選びなさい。
ア 国後島　イ 択捉島　ウ 歯舞群島
エ 色丹島

問6 次の川のうち，河口がもっとも北にある川はどれ
ですか。正しいものを1つ選びなさい。
ア 北上川　イ 最上川　ウ 信濃川
エ 阿武隈川

問7 問6で答えた川の河口がある県はどれですか。正
しいものを次の中から1つ選びなさい。
ア 山形県　イ 宮城県　ウ 福島県
エ 新潟県

問8 地図中の⑤は東経140度の線です。この線よりも
西にある都市はどれですか。正しいものを次の中か
ら1つ選びなさい。
ア 千葉市　イ 盛岡市　ウ 山形市
エ 福島市　オ 横浜市

桐蔭学園中

問2〜問5　日本の端は次の
4つの島になっている。
東の端　南鳥島(東京都)
西の端　与那国島(沖縄県)
南の端　沖ノ鳥島(東京都)
北の端　択捉島(北海道)

2 次の(1)〜(10)の日本の都道府県の説明を読み，地図より
その位置を選び，それぞれ記号で答えなさい。

(1) シラス台地は水もちが悪いため，畑作中心の農業を
おこなっている。豚・にわとり・肉牛の大規模な畜産
業がおこなわれている。

(2) 広大な砂丘があり，砂の害を防ぐための努力がおこ
なわれている。またこの県では果物のなしの栽培も盛
んにおこなわれている。

(3) 8世紀末に平安京が置かれてから，明治時代はじめ
に東京に移るまで日本の都として栄えた。古都保存法
や条例で昔からの町並みが守られている。

(4) 海岸沿いの斜面を中心にみかんの栽培がさかんにお

(2) 鳥取県は二十世紀という
品種の日本なしの産地として
知られている。

7

考えるヒント

こなわれ，生産量は全国有数であるが，最近は外国から輸入されたオレンジとの競争が厳しい。

(5) 日本最長の川が流れ，日本有数の稲作地帯である。農業の副業からおこった伝統的な産業が各地で見られる。

(6) 日本第2位の人口で，江戸時代の終わりごろに開港し，以後国際貿易都市として発展してきた都市がある。臨海部を開発するみなとみらい21計画も進められている。

(7) 最上川沿いに多くの平野や盆地が分布する。さくらんぼの生産が盛んで，全国の約4分の3の生産量をほこる。

(8) 古くから「木の国」といわれ，県の面積の80％が森林となっているため，林業も盛んである。特に「吉野すぎ」は良材として知られている。

(9) 牧ノ原を中心に茶の栽培がさかんで生産量は全国第1位。焼津港ではマグロ・カツオの水揚げ量が多い。

(10) 東北地方の政治・文化・経済の中心地で，プロ野球球団のホームタウンを持つ。

(5) 越後平野は日本有数の稲作地帯として知られている。

(7) 山形県はさくらんぼの生産が全国1位である。

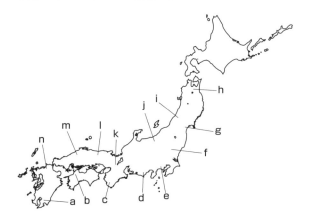

松蔭中・改題

3 次の(1)〜(5)の各文章は，日本でも見かけることができる，さまざまな地形を説明したものです。
それぞれの地形が見られる場所として最もよくあてはまるものを下の語群より選んで記号で答え，次に，それが属する都道府県名を答えなさい。

入試問題演習

(1) 陸地の沿岸を流れる潮流によって運ばれた砂が，沖合の島と陸地をつないでできた地形。

(2) 火山の活動にともなってできた大きなくぼ地に，水がたまってできた湖。

(3) 山地の谷間を流れてきた河川が，勾配のゆるやかな場所に土砂を堆積してできた地形。

(4) 石灰岩の地形が，長い間に雨水や地下水によって溶かされて，くぼ地や洞窟になった地形。

(5) 傾斜のゆるやかな平野を蛇行しながら流れる河川。

【語群】

㋐ 桜島　　㋑ 石狩川　　㋒ 秋吉台

㋓ 潮岬　　㋔ 河北潟　　㋕ 甲府盆地

㋖ 吉野川　　㋗ 田沢湖　　㋘ 九十九里浜

㋙ 牧ノ原

聖光学院中

④ 日本を全体的に見てみると，都道府県の境が自然の山（山脈・山地）・川・湖・海（海峡）・平野・盆地などでへだてられているところが多くみられます。このような境を自然的境界といいます。自然的境界が都道府県境になっている場所を示している，日本地図を見ながらア～クに当てはまる山（山脈・山地）・川・湖・海（海峡）・平野・盆地などの地名を答えなさい。

目白学園中・改題

考えるヒント

(1) このような島を陸繋島といい，男鹿半島や潮岬などの例がある。(2)はカルデラ湖，(3)は扇状地，(4)はカルスト地形，(5)は蛇行を説明している。

都道府県の境となっている地形は，地方の境となっているものもある。
越後山脈と関東山地は中部地方と関東地方の境となっている。

考えるヒント

5　次の①～⑤の説明文にあてはまる川を，下の 川の名前 の中より選び，漢字のまま書きなさい。また，その位置を地図中より選び，記号で答えなさい。

（説明文）

①　この川の上流は，明治時代に銅山が原因で公害問題が発生したところで，河口には日本で多くの漁業生産量をほこる漁港がある。

②　この川の中下流は，お茶の産地として知られている。江戸時代には，橋をかけることを禁じられ，大雨で水かさが増すと川を渡るのを何日も待つことがあった。

③　古くから水運に利用され，下流には日本の穀倉地帯とよばれる庄内平野がひろがる。

④　この川の下流では，洪水から家をまもるため，集落のまわりを堤防でかこんだ輪中集落がみられる。

⑤　下流域は日本の米どころとして知られる。2004年10月に大きな地震がおこり，地域の産業などが多くの打撃をうけた。

②　お茶の産地とは牧ノ原である。

③　酒田は古くから米の積み出し港として栄えた。

川の名前

木曽川	淀川	信濃川	利根川
北上川	石狩川	筑後川	最上川
大井川	吉野川		

和洋国府台女子中・改題

入試問題演習

6 次の問題は日本の自然と農業に関するものです。あとの問いに答えなさい。

問1 地図中のA～Cは「日本の屋根」とよばれる山脈をあらわしています。A～Cの山脈名を答えなさい。また、この東側には日本列島を東北日本と西南日本に分ける大地溝帯があります。この地溝帯の名称をカタカナ7文字で答えなさい。

問2 地図中のA～Dの[　　　]は河川によって形成された平地を示しています。また、①～④はその平地を形成した河川を示しています。A～Dについてはその平地名を答え、その平地を形成した①～④の河川名をア～キから選び、記号で答えなさい。

ア　利根川　　イ　筑後川
ウ　天竜川　　エ　富士川
オ　球磨川　　カ　石狩川
キ　十勝川

大宮開成中

農林水産業

各地の農業の特色をつかむ

■　次のA〜Eの文にあてはまる地名を下のア〜コより選び，記号で答えなさい。また，その地名の位置は地図中の①〜⑫のどこにあたるか，地図中の番号で答えなさい。

A　大部分が台地で水がとぼしかったが，用水が完成して，温暖な気候を利用したメロンや電照菊などの温室栽培が盛んになった。

B　降水量が少ないため，古くから水田かんがい用のため池が作られていた。

C　火山のすそ野の高原では，夏のすずしい気候を利用して，キャベツやレタスなどが栽培されている。

D　火山灰地が，戦後，パイロット・ファームの建設などにより，大規模な酪農地域になった。

E　火山灰が積もってできたシラス台地が大部分をしめ，さつまいも・たばこ・茶などが栽培されている。

ア　阿蘇山	イ　渥美半島	ウ　越後平野	エ　大隅半島
オ　高知平野	カ　根釧台地	キ　讃岐平野	ク　津軽平野
ケ　八ヶ岳	コ　山形盆地		

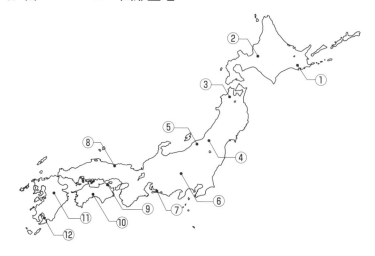

日本大学第一中

　日本の農業は，古くから稲作を中心に営まれてきました。現在，稲はほぼ日本全国で栽培されていますが，中でも北陸から東北地方の日本海側で盛んに作られています。(**水田単作地帯**)

　一方，稲作に向かない土地(台地や火山灰地)では，畑作を中心とする農業が行われています。新鮮さが必要な野菜は，大都市の近くで盛んに栽培(**近郊農業**)されていますが，大都市から離れた場所でも，その土地の気候を生かして，**促成栽培や抑制栽培**といった時期をずらした野菜作りが行われています。

　また，畜産業は，広い農業用地にめぐまれた北海道で乳　牛や肉牛の飼育が，そしてシラスとよばれる火山灰台地が広がる鹿児島県や宮崎県でぶたやにわとりの飼育が盛んになっています。

日本の主な農業地域

レベルA 農林水産業 入試問題演習 (☞ 解答は112ページ)

1 ①～⑤の文章を読んで，あとの問いに答えなさい。

① 根釧台地では（　　）の飼育が盛んで，酪農が発達している。

② 越後平野では，土地の改良で（　　）作りが盛んとなった。

③ 大井川の西に広がる牧ノ原では，（　　）の栽培が盛んである。

④ 利根川の河口にある銚子港では，いわしなどをとる（　　）が盛んである。

⑤ 有田焼と呼ばれる（　　）は，江戸時代からの伝統工芸品として有名である。

(1) ①～⑤のカッコの中にあてはまる語句を，下のア～コから選んで記号で答えなさい。

ア　漆器　　イ　りんご　　ウ　みかん
エ　遠洋漁業　　オ　茶　　カ　乳牛　　キ　米
ク　黒豚　　ケ　沿岸漁業　　コ　陶磁器

(2) ①～⑤の土地の都道府県名を漢字で答えなさい。

女子美術大学付属中

2 つぎの表は，わが国のおもな農産物や畜産物とその産地をまとめたものです。

（　　）のなかにはいる農産物名や産地名を，後の語群より選び，記号で答えなさい。同じ記号を何回使用してもかまいません。

米		新潟8.3　（①）7.6　秋田6.8　山形5.2　宮城4.9　その他67.2
小麦		（②）65.4　福岡6.6　佐賀4.5　愛知3.0　三重2.2　その他18.3
らっかせい		（③）81.5　茨城11.2　その他7.3
さつまいも		（④）34.9　茨城22.5　千葉12.5　宮崎10.8　徳島3.6　その他15.7
果実	みかん	和歌山20.1　（⑤）14.8　愛媛14.7　熊本11.7　長崎6.4　その他32.3
	（⑥）	青森58.9　長野18.8　岩手6.3　山形5.5　福島3.4　その他7.1
	（⑦）	山梨23.9　長野17.8　山形9.2　岡山8.8　福岡4.2　その他36.1
	日本なし	千葉13.1　茨城10.3　栃木8.8　福島7.4　（⑧）6.9　その他53.5
	もも	（⑨）34.8　福島21.4　長野11.7　山形7.1　和歌山6.6　その他18.4
畜産物	乳用牛	（⑩）60.1　栃木3.9　熊本3.3　岩手3.2　群馬2.6　その他26.9
	肉用牛	（⑪）20.5　鹿児島13.5　宮崎10.0　熊本5.0　岩手3.5　その他47.5
	豚	（⑫）13.9　宮崎9.1　北海道7.6　群馬6.9　千葉6.6　その他55.9

※果実は2018年，他は2019年，数字の単位は％　　（『日本国勢図会2020/21』より）

考えるヒント

① 乳牛の飼育は，すずしい気候が適している。
② 北陸地方や東北地方は，日本の穀倉地帯である。
③ 牧ノ原は明治になって開こんされた台地で，日あたりがよく，水はけがよい土地である。

⑦・⑨のぶどうとももは，ともに山梨県が全国1位であるので，これらの区別は，長野や福島など2位の県に注目するとよい。

14

入試問題演習

ア　くり　　イ　メロン　　ウ　西洋なし　　エ　かき
オ　りんご　　カ　さくらんぼ　　キ　ぶどう
ク　鹿児島　　ケ　兵庫　　コ　愛知　　サ　北海道
シ　東京　　ス　山梨　　セ　鳥取　　ソ　佐賀
タ　岩手　　チ　青森　　ツ　千葉　　テ　埼玉
ト　高知　　ナ　静岡

山手学院中・改題

3　次の文章を読んで，各問に答えよ。

　日本の農業の中心は，主食である①米づくりである。しかし，現在の米づくりは厳しい状況にある。②1960年代後半から米の供給量が需要量を上回るようになり，米があまるようになった。そこで，政府は1970年代になると，③休耕や他の農作物をつくる転作を農家にすすめる生産調整を始めた。また，1995年に新食糧法が実施された。これによって，政府が農家から米を買いとって価格を決めて管理する従来の制度を改め，農家による米の生産や（　④　）が自由になった。さらに，米づくりを厳しくする要因が，1999年から実施された米の（　⑤　）自由化である。政府は米の（　⑤　）を禁止していたが，外国からの圧力で市場開放を認めざるをえなくなった。

　これに対して，農家も米あまり解消の努力をしている。⑥品種改良によって味のよい米が多くつくられ，⑦有機農法で安全な米づくりを目指す農家が多くなっている。

問1　下線①の収穫量の多い道県をあらわした下の表を参照して，各問に答えよ。

道 県	収穫量(千t)
（ A ）	646
（ B ）	527
（ C ）	588

(2019年)

C川

(i)　米作りには大量の水が必要なため，河川の流域が米作地帯となっている。上の表中の空欄Aは信濃川（しなの）下流域が，空欄Bは雄物川（おもの）下流域が主な米作地帯である。

問1(i)　A〜Cは，米のとれ高で毎年上位3位に入っている道県である。

空欄Ａ・Ｂにあてはまる県を，次の㋐〜㋕から，それぞれ選べ。

㋐　青森　　㋑　秋田　　㋒　山形

㋓　岩手　　㋔　新潟

(ii)　前の表中，空欄Ｃの主な米作地帯は，前の地図中のＣ川流域にある。Ｃ川の名称を漢字2文字で答えよ。

問2　下線②となった事情について，1行で説明せよ。

問3　下線③の政策を何というか。漢字2文字で答えよ。

問4　文中の空欄④に入る語句を，漢字2文字で答えよ。

問5　文中の空欄⑤に入る語句を，漢字2文字で答えよ。

問6　下線⑥で，味がよく，全国の作付面積の3分の1以上をしめ一番多く栽培されている品種を，次の㋐〜㋓から1つ選べ。

㋐　コシヒカリ　　㋑　ヒノヒカリ

㋒　ひとめぼれ　　㋓　あきたこまち

問7　下線⑦に関係のない文を，次の㋐〜㋓から1つ選べ。

㋐　鴨を田にはなすアイガモ農法をおこなう。

㋑　家畜のふん尿などからなる堆肥を利用する。

㋒　農薬はできるだけ使用しない。

㋓　化学肥料を適宜使用して，生産量を増やす。

江戸川女子中・改題

④　日本の農林水産業についてのべた次の各文で，□□□にあてはまる語句を，あとの語群から1つずつ選び，記号で答えなさい。そして，1〜10の説明文にあてはまる地域を，あとの日本地図から選んで，記号で答えなさい。さらに，あとの問1・問2に答えなさい。

1　有明海は，古くから□□□され，ふやされた耕地にはクリーク（運河）がたくさん掘られました。米どころであり，い草や野菜も栽培されています。

2　十勝平野には，□□□・豆類・てんさいなどの広大な畑作地帯が広がっています。農家は1戸当たり20ha以上の耕地をもち，機械を使って大規模に栽培しています。

3　紀伊山地は，良質な木材の産地です。かつてはイカ

問7　有機農法とは，堆肥などの有機肥料を使い，化学肥料や農薬の使用をひかえる農法である。

1　有明海のほかにも，児島湾や八郎潟でさかんに行われていた。

2　十勝平野のようなきびしい自然条件のところでもよく育つ作物で，北海道が全国一の生産をあげている。

入試問題演習

ダで，紀ノ川・熊野川を通して，河口まで運びました
が，□□□□の建設がすすんで，トラックによる輸送が
中心となりました。

4　三陸沖は，黒潮と親潮による潮目（しおめ）があって，恵まれ
た漁場になっています。□□□□が南北につづくこの一
帯には，多くの漁港があり，国立公園にも指定されて
います。

5　かつて□□□□が盛んだったこの地域も，桑畑は年と
ともに減少しました。現在は，大都市の多い京浜地方
向けに野菜栽培がさかんです。嬬恋村のキャベツや，
下仁田（しもにた）のコンニャク・ネギは有名です。

6　鳥取砂丘では，植林やかんがいにより，耕地に変わ
る面積がふえました。□□□□などの果樹栽培や，野
菜・らっきょうなどの畑作が可能になったのです。

7　高知平野では，かつて有名であった米の□□□□はめ
っきりへりました。現在は冬になるとビニルハウスが
立ち並び，ピーマン・きゅうりなどの夏野菜が栽培さ
れ，カーフェリーなどで大消費地（しゅっか）へ出荷されています。

8　シラス台地は，水田には向かないので，さつまい
も・茶・たばこなどの畑作が代表的でした。大隅半島（おおすみ）
を中心に，近年では□□□□がとくにさかんになってき
て，大きな商社による経営も始まっています。

9　若狭湾は，カレイや小鯛（こだい）など名産の多い漁場になっ
ています。かつて，大陸から数々の文化がこの地域を
通って入ってきたことでも知られています。近年，こ
こ一帯に次々と□□□□が立ち並びました。

10　濃尾平野の東部は，台地状になっていて水に恵まれ
ませんでした。そこで明治用水や豊川用水が引かれて
□□□□が進み，野菜・草花や家畜が各地で育てられる
ようになりました。「日本のデンマーク」とよばれる
ところもあります。

考えるヒント

4　山地が海に沈（しず）みこんででき
た海岸線で，三陸海岸（さんりく）のほ
かにも若狭湾（わかさわん）・志摩半島（しま）など
で見られる。

5　蚕（かいこ）は生糸（きいと）をとるために飼
育され，桑（くわ）の葉をえさとして
いた。

7　同じ耕地で，同じ作物を
年に2度つくることを二期作，
異（こと）なる作物を年に2度つくる
ことを二毛作という。

8　鹿児島県はぶたとにわと
りの生産が全国有数である。

考えるヒント

㋐　畜産　　㋑　じゃがいも　　㋒　りんご	
㋓　リアス海岸　　㋔　二毛作	
㋕　原子力発電所　　㋖　干拓（かんたく）　　㋗　砂浜海岸	
㋘　ダム　　㋙　かんがい　　㋚　さとうきび	
㋛　二期作　　㋜　養蚕（ようさん）　　㋝　石油化学工場	
㋞　なし	

問1　次の都市は，前の説明文1〜10のうち，どの地域の近辺にありますか。番号で答えなさい。

　　① 帯広　　② 豊橋　　③ 気仙沼　　④ 新宮

問2　日本全国には，あれ地を切り開いて耕地にしたところが少なくありません。次のうち，日本一の茶畑地帯はどれですか。記号で答えなさい。

　　㋐　野辺山高原
　　㋑　阿蘇山ろく
　　㋒　牧ノ原
　　㋓　根釧台地

湘南学園中・改題

5　日本の地域や産業について，次の各問いに答えなさい。

　[1]　日本は水産業が盛んな国ですが，最も漁獲量が多い漁業を下から選び記号で答えなさい。

ア）　遠洋漁業　　イ）　海面養殖業	
ウ）　沖合漁業　　エ）　沿岸漁業	

問1　①は北海道，②は愛知県，③は宮城県，④は和歌山県の都市である。

問2　ここは，明治時代になって職を失った士族や大井川（おおい）で川越人足（かわごしにんそく）を営んでいた人々によって開墾（かいこん）が進められ，現在では日本最大の茶の生産地となったところである。

入試問題演習

[2] 下の表は種類別漁獲量の上位県で，さんま，かつお，いわしのものです。①さんまと②かつおはどれですか。ア〜ウの記号で答えなさい。

ア		イ		ウ	
1位 静岡県	31%	1位 北海道	47%	1位 茨城県	19%
2位 宮城県	12%	2位 宮城県	14%	2位 千葉県	10%
3位 東京都	11%	3位 岩手県	12%	3位 長崎県	9%

(2019年農林水産省の統計による)

[3] 東シナ海は海底までの深さが200mほどの，深くなだらかな海で，良い漁場になっています。この地形は何と言いますか。下から選び記号で答えなさい。

> ア) リアス海岸　　イ) 漁業専管水域
> ウ) 大陸だな　　エ) カルデラ

[4] 次の農作物に関する文章はどこの都道府県のものですか。下から選び記号で答えなさい。

> 1) 高原の涼しい気候を利用した夏キャベツやレタス・はくさいなどの抑制栽培がさかんです。昔は桑畑が多く，養蚕業がさかんでしたが，今は果樹園に利用されています。
> 2) 耕地の80%は畑です。大型機械を使った農業が行われています。じゃがいもやてんさい，豆類などがつくられています。らく農もさかんで，日本の乳牛の約60%を飼育しています。
> 3) ビニールハウスを利用したきゅうりやピーマンの促成栽培がさかんです。

> ア) 北海道　　イ) 宮崎県　　ウ) 新潟県
> エ) 長野県

関東学院六浦中・改題

考えるヒント

[2] 焼津港は，かつお・まぐろの水あげが多く，銚子はいわしの水あげが多いことで知られている。

[4] 1) 抑制栽培で有名なところは，浅間山山ろくの嬬恋村と，八ヶ岳山ろくの野辺山原である。

3) 促成栽培は，高知平野と宮崎平野が有名である。

考えるヒント

6　次の地図を見て，問に答えなさい。

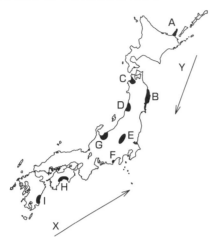

問1　Aの半島は2005年7月に世界自然遺産に登録されました。この半島の名を漢字で答えなさい。

問2　Aの半島を世界自然遺産に登録することを決定した国際連合の機関は何ですか。下のア〜オから選び，記号で答えなさい。
　　ア　IMF　　イ　ILO　　ウ　UNICEF
　　エ　WHO　　オ　UNESCO

問3　Bの地域は国立公園に指定されており，海岸線はリアス海岸となっています。この地域と同じように，国立公園に指定されていて，リアス海岸がある地域を，下のア〜オから選び，記号で答えなさい。
　　ア　若狭湾　　イ　能登半島　　ウ　九十九里浜
　　エ　日南海岸　　オ　伊勢志摩

問4　Bの地域をふくむ東北地方の太平洋側で，海流の影響により発生する自然災害は何ですか。もっともふさわしいものを下のア〜オから選び，記号で答えなさい。
　　ア　雪害　　イ　風水害　　ウ　干害　　エ　冷害
　　オ　高潮

問5　右の表は，Cの平野で生産されている果物の生産高（2018年）を示したものです。表の（　）に適

1位	青森県	445500
2位	（　　）	142200
3位	岩手県	47300
4位	山形県	41300
5位	福島県	25700

単位（トン）

問3　三陸海岸と同じようにリアス海岸で有名なところに，若狭湾，志摩半島がある。

問4　東北地方の太平洋側には，寒流の千島海流が流れており，初夏にはその上をやませとよばれる冷たい北東風が吹いてくることがある。

する県はどこですか。下のア～オから選び，記号で
答えなさい。

ア　埼玉県　　イ　群馬県　　ウ　富山県

エ　長野県　　オ　山梨県

問6　Dの平野は稲作のさかんなところです。この平野
を流れている川を何といいますか。下のア～オから
選び，記号で答えなさい。

ア　最上川　　イ　阿武隈川　　ウ　北上川

エ　雄物川　　オ　信濃川

問7　Eの地域では，夏に野菜のおそづくりをおこなっ
ています。この野菜は何ですか。もっともふさわし
いものを下のア～オから選び，記号で答えなさい。

ア　ジャガイモ　　イ　タマネギ　　ウ　キャベツ

エ　ニンジン　　オ　ダイコン

問8　Fの都市には，遠洋漁業の基地となっている港が
あります。その港の名を答えなさい。

問9　Gの地域を流れる川の流域で発生した四大公害病
の一つは何ですか。病名を答えなさい。また，その
原因となった物質を答えなさい。

問10　HとIの地域でおこなわれている，温暖な気候を
利用した野菜の早づくりを何といいますか。漢字4
字で答えなさい。

問11　XとYは海流を示しています。Xの海流を何とい
いますか。漢字で答えなさい。

問12　Xの暖流とYの寒流がぶつかり，良い漁場となっ
ているところを何といいますか。漢字2字で答えな
さい。

高輪中・改題

問6　東北・北陸地方の日本
海側には，北から秋田平野，
庄内平野，越後平野があり，
米どころとなっている。

問9　神岡鉱山の鉱毒が廃水
にふくまれていて，神通川流
域でおこった。

鉱工業

工業の種類を理解する

■　次の説明文はどんな産業について書かれたものでしょう。下の語群の中から
あてはまるものを1つずつ選んで，記号で答えなさい。

〈説明〉

(1)　八幡に工場が建設されることをきっかけに盛んになった。1960年代の日本の
中心的な工業であった。近年は工場が海外に移されたことなどで下火になって
きている。

(2)　生産数が世界一（1980年から1993年まで）をほこった工業で，アメリカとの貿
易まさつの原因となった。

(3)　明治時代に富岡に工場が造られたことによって始められた。明治からの日本
の工業の中心であった産業で，その時期の輸出の中心であった。

(4)　「せともの」をはじめとする焼き物から起こり，かつては中京工業地帯の中
心となり，今では食器以外にもニューセラミックなど様々な分野で応用される
ようになり，急速に発展している。

(5)　プラスチックや合成せんいなどを作る工業。太平洋岸に大きなコンビナート
が造られ，生産された。

〈語群〉

> ㋐ 食料品工業　㋑ 製糸工業　㋒ 鉄鋼業　㋓ 自動車工業　㋔ 造船業
> ㋕ 石油化学工業　㋖ 製紙工業　㋗ よう業　㋘ アルミニウム工業

森村学園中

　工業は，作られる製品によって**重化学工業**と**軽工業**とに分けられます。重化学工業は**金属工業・機械工業・化学工業**に分けられます。金属工業で作られるもののうち，鉄鋼はあらゆる産業の土台になるので，「産業のコメ」とよばれてきました。機械工業は工業生産額が最も多く，生産額の半分近くをしめます。化学工業は大きな設備を必要とし，また，オートメーション化が進んでいるので，1人あたりの生産額が最も多くなっています。

軽工業は，食料品工業・せんい工業・よう業などに分けられます。このうちのせんい工業は，戦前は工業生産額が最も多く，日本の工業の中心でした。

重化学工業と軽工業の割合の変化

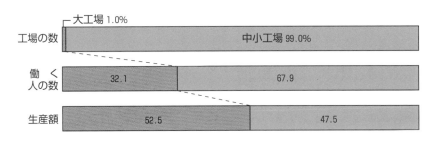

	重化学工業			軽工業			その他	
1935年	金属 18.4%	機械 12.6%	化学 16.8%	食料品 10.8%	せんい 32.3%			6.2%	108億円
1960年	18.8	25.8		11.1	13.1	12.3	3.5	15.4	15兆5790億円
2017年	13.4	46.0		13.1	12.1			11.8	321兆9395億円

よう業2.9

1.2　2.4

工場は，働く人が300人以上の**大工場**と，299人以下の**中小工業**とに分けられます。中小工場は，工場数では大部分をしめていますが，働く人の数では約３分の２，工業生産額では約半分しかしめていません。また，中小工場は，**親工場の注文を受けて部品などを作っている関連工場**となっていることも多くなっています。

大工場と中小工場の割合（2017年）

大工場 1.0%

工場の数	中小工場 99.0%
働く 人の数	32.1　67.9
生産額	52.5　47.5

解　答

(1) （う）　(2) （え）　(3) （い）　(4) （く）　(5) （か）

入試問題演習

（☞ 解答は112ページ）

1️⃣ 次の１〜５の文はそれぞれある工業の立地について説明したものです。各文を読み，下の問い（問１〜３）に答えなさい。

１ 総合的な組立（くみたて）工業で，大資本・広大な敷地・熟練（じゅくれん）労働力などを必要とし，関連工業が発達する消費地近くに立地しやすい。

２ 石油精製（せいせい）工業と結びつき，原料の供給から製品の生産まで各工場が互いにコンビナートを形成する。広大な用地と用水に恵まれた臨海工業地域に立地しているものが多い。

３ 原木と軟水の豊富なところに立地し，輸入原料に依存する場合は消費地に近い港湾が適する。

４ 学術・文化の中心で，情報の得やすい大都市に立地しやすい。

５ 石灰石・粘土などの原料や燃料の豊富なところに立地しやすい。

問1 １〜５の文で説明している工業を次のア〜キより一つずつ選び，記号で答えなさい。

ア　印刷業　　　　　イ　自動車工業
ウ　セメント工業　　エ　石油化学工業
オ　精密機械工業　　カ　パルプ工業
キ　鉄鋼業

問2 １〜５の文で説明している工業と関わりの深い都市を次のア〜キより一つずつ選び，記号で答えなさい。ただしあてはまるものがない場合はクと答えなさい。

ア　山陽小野田　　イ　岡谷　　ウ　苫小牧
エ　四日市　　　　オ　岐阜　　カ　豊田　　キ　釜石

問3 かつての鉄鋼業や半導体産業のような，その時代を支える基幹産業のことを「産業のX」と呼びます。Xにあてはまる農作物の名を答えなさい。

鎌倉学園中・改題

問1 １　組立工業ということは自動車や精密機械（せいみつ）のような機械工業であると推測（すいそく）できる。関連工業の発達という点から，２つのうちのどちらかを考えよう。

問3 日本人にとっての主食のように重要なものという意味で，「産業のX」と呼ばれる。

入試問題演習

2 次の文章を読み，各問いに答えなさい。

日本のおもな工業地域や工業地帯は，海ぞいに広がっています。なかでも（ ① ）地方の南部から（ ② ）地方の北部にかけては，工業地域や工業地帯が帯のようにつながっていて，「（ ③ ）」とよばれています。この地域の工業生産額は，日本全体の3分の2以上を占めています。しかし，最近では内陸部や（ ③ ）から遠くはなれた地域にも，工業のさかんな地域がみられます。この理由としては，（ ④ ）道路や（ ⑤ ）航路の発達などが関係しています。

問1 文中の空欄（ ① ）～（ ⑤ ）に適する語句を記入しなさい。

問2 下の地図は，日本の主要工業地域と工業地帯をあらわしたものです。（ ① ）～（ ⑥ ）の工業地域名や工業地帯名を答えなさい。

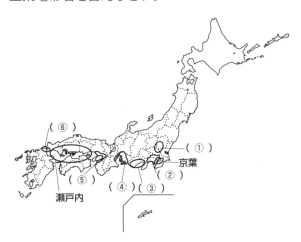

問3 次ページの帯グラフは，問2の8つの工業地域，工業地帯の産業別出荷額をあらわしたものです（2017年）。あ～かの出荷額に関係のある工業地域，工業地帯はどこですか。その工業地域名，工業地帯名を答えなさい。

問1⑤ トラックのまま，この船に乗せて輸送することが可能である。

入試問題演習

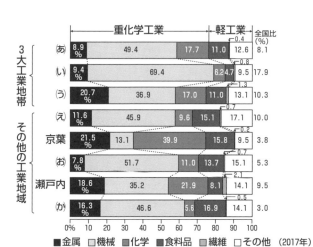

帝京中・改題

3 次の文章はわが国の産業に関する問題である。①～⑤の答えを語群の中から選び，答えなさい。

① 製鉄所や石油化学工業などは，原料の点で関連のある工場が1ヶ所に集まって製品が生産されている。このような仕組みを何というか。

② 空港や高速道路に近い内陸部では精密機械工業や自動車工業が発展している。精密機械工業の盛んな諏訪地方は何県にあるか。

③ 瀬戸内の各県は海運の便がよく石油化学，製鉄などの工業が発展してきたが，この県では自動車工業が有名である。これは何県か。

④ 太平洋に面し，楽器・オートバイ・製紙やパルプ生産の盛んなこの県は製品の輸出のための港にも恵まれている。これは何県か。

⑤ 日本最初の原子炉があり，南部に鹿島臨海工業地域があるこの県の北部には日本を代表する電気機械工業で知られた都市がある。この都市の名前を答えなさい。

《語群》

1	長野	2	工業団地	3	静岡	4	日立
5	和歌山	6	八幡	7	広島	8	島根
9	軽工業	10	栃木	11	コンビナート
12	食品	13	倉敷	14	重工業	15	豊田

東海大学付属相模中・改題

問3　工業地帯のグラフは数値を覚えるのではなく，「グラフの特色」と「工業地帯の特色」を結びつけて考えることが大切である。たとえば機械工業の割合が最も高い(い)は，自動車工業が非常にさかんな工業地帯である。

① 1ヶ所に集まることで，原料輸送のコストをおさえることができ，効率よく生産することができる。

② 空気のきれいな山間部であることが精密機械の生産に適している。諏訪湖の位置を思い出してみよう。

④ 楽器の生産がさかんなのは浜松市である。

入試問題演習

④ 日本の工業と貿易について次の問に答えなさい。

(1) 地図中のA〜Fの工業地帯（地域）では，日本の工業製品の半分以上を生産しています。これについて，下の問に答えなさい。

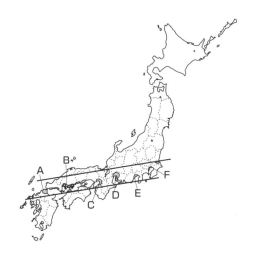

問1　このA〜Fの地域全体（太い線で囲まれたところ）は何と呼ばれているのか答えなさい。

問2　次の①②③の工業都市は，それぞれ地図中のどの工業地帯（地域）に位置するのかを記号（A〜F）で答え，その都市でもっともさかんな工業の種類をそれぞれ次のア〜キより1つずつ選びなさい。

〈工業都市〉　①　豊田　　②　富士　　③　呉

〈工業の種類〉　ア　楽器　　イ　造船
　　　　　　　　ウ　石油化学　　エ　洋食器
　　　　　　　　オ　自動車　　カ　製紙
　　　　　　　　キ　陶磁器（焼物）

(2) 工業の発達について，次の文を読み，問に答えなさい。

> 工業都市が地方に分散してきた結果，全国の工業生産の中で三大工業地帯のしめる割合は年々低下しています。工業都市が地方に分散してきた理由の1つには，ある工業は，製品が高価な割には小さく軽量なので，飛行機を使って消費地への輸送が便利な空港の近くに工場が建設されることが多くなったことにあります。…………

問2③　呉は広島県の沿岸部にある都市で，かつては海軍の基地があった。

考えるヒント

問1 文中に「工業都市が地方に分散してきた理由の1つには，」とあり，その他にも理由があることがわかります。その他の理由として正しくないものを次のア～エより1つ選びなさい。

ア 大都市では，資本や優秀な技術・労働者を得ることができなくなった。

イ 交通網が整い，原料や製品の輸送に多くの時間がかからなくなった。

ウ 地方でも，エネルギーや原料を得ることが可能になってきた。

エ 地方でも地元の産業を発展させるために工場用地や工業用水道などを整備したり，税金を安くするなどして積極的に工場を招いた。

問2 文中にある「製品」にもっとも適切なものを次のア～エより1つ選びなさい。

ア 自転車　イ 電化製品　ウ IC
エ 薬品

問3 文中に「飛行機を使って……」とありますが，国内で旅客機が離着陸することのできる空港のない県を次のア～エより1つ選びなさい。

ア 熊本県　イ 山形県　ウ 長崎県
エ 奈良県

神奈川学園中・改題

⑤ 日本の工業について，次の(1)～(7)の問いに答えなさい。

(1) 次のページのグラフは，日本の工業のさかんな所（京浜・中京・阪神・北九州の各工業地帯と関東内陸・京葉・北陸・東海・瀬戸内の各工業地域）と生産額をしめしたものです。

次の①～③の各工業地帯・地域をあらわすグラフを，ア～カから選んで，それぞれ記号を答えなさい。

① 北九州工業地帯　② 京葉工業地域
③ 中京工業地帯

問1 かつて地方は立地条件の面で，工業都市がなかなか発達しなかった。それが最近の交通網の整備や工場をたてやすくする環境作りのおかげで，分散してきたといえる。

問3 大都市に近く，交通の便が比較的良いところのほうが，逆に空港がない場合がある。となりの県や近くの県に大きな空港がある場合はなおさらである。

(1)② 京葉工業地域の特色は，機械工業よりも金属や化学の生産が多い，素材生産型だということ。

入試問題演習

日本の工業のさかんな所と生産額（2017年 経済産業省）

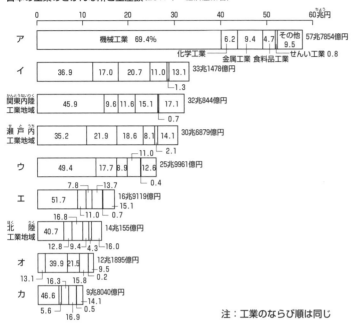

注：工業のならび順は同じ

(2) 上の日本の工業のさかんな所の中で「太平洋ベルト」にふくまれていない工業地帯・地域はどこですか。1つ選んで，その名称を答えなさい。

(3) 「太平洋ベルト」に工業地帯や工業地域が集まった理由を説明しなさい。

(4) 現在の日本の工業の中心はなに工業ですか。また，その代表的な工業製品名を1つ答えなさい。

(5) 日本の工業に必要な資源は，大部分を外国からの輸入にたよっています。100パーセント輸入にたよっている資源名を2つ答えなさい。

(6) 次のグラフは「大工場と中小工場のわりあい」を，表は「工場の大きさ別の工場数・生産額・働く人の数」をしめしています。あとの問いに答えなさい。

(3) 太平洋に面していることでどんな便利なことがあるのかを考えてみよう。

工場のきぼ別にみた工場数・
働く人の数・生産額のわりあい
（2017年　経済産業省）

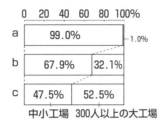

中小工場　300人以上の大工場

工場の大きさ別の工場数・生産額・働く人の数

働く人の数による 工場の大きさ	工場数 （実数）	生産額 （十億円）	働く人の数 （万人）
9人以下の工場	238,397	8,931	76
300人以上の工場	3,496	169,160	258

（2017年　経済産業省）

① グラフのa・b・cは，それぞれ何をしめしていますか。その組み合わせとして正しいものを，次のア〜エから1つ選んで，その記号を答えなさい。

ア　a　工場数　　b　生産額　　　c　働く人の数

イ　a　工場数　　b　働く人の数　　c　生産額

ウ　a　働く人の数　　b　工場数　　　c　生産額

エ　a　働く人の数　　b　生産額　　　c　工場数

② 大工場で働く人1人あたりの生産額と9人以下の工場で働く人1人あたりの生産額はどちらが大きいですか。

(7) 中小工場について正しく述べているものを，次のア〜オの中から2つ選んで，その記号を答えなさい。

ア　大工場の下請を行っているものが多いが，すぐれた技術を持ち，独自の製品を作っている工場もある。

イ　働く人の数が少ないので，景気が悪くても大きな影響を受けない。

ウ　生産性が低いので，日本の工業全体からみれば，そのしめる役割は小さい。

エ　賃金が低かったり，働く時間が長かったりするため，人手が不足しがちである。

オ　設備が小さいため，新しい機械を次々に取り入れることができる。

東京学芸大学附属世田谷中・改題

考えるヒント

(6) 働く人が300人以上の工場は大工場，9人以下の工場は小工場である。表には10〜299人の工場の数値が入っていないことに注意しよう。

(7) 日本の中小工場の中には，技術レベルが高く，製品によっては世界的なシェアをほこるものもある。

入試問題演習

6 次の文を読み，あとの問いに答えなさい。

　わが国の工業は，明治から大正にかけては，紡績工業や食品工業などの（ 1 ）が中心でしたが，昭和のはじめには（ 2 ）ものびはじめ，1955年をすぎると（ 2 ）が（ 1 ）を上回るようになりました。

　（ 3 ）年代には，工業生産の成長率もたいへん高くなり，世界1・2位をあらそうようになりましたが，それとともに地下資源の需要はますます増大してきました。しかし，もともと地下資源にとぼしいわが国では，原料や燃料の大部分を輸入にたより，そのかわり工業製品を輸出するという（ 4 ）貿易をおこない工業が発展してきました。輸出入や国内輸送などに便利であるところから，わが国の工業のさかんな地域は，関東から九州の太平洋側に帯のように広がっています。この広い地域を（ 5 ）とよび，2017年には工業製品の総生産高の約（ 6 ）％をしめています。中でもA四大工業地帯とよばれる地域は早くから工業がさかんで，大正時代の終わりころまでに，ほぼでき上がったと思われます。

問1 文中の（ 1 ）～（ 6 ）にあてはまる語句または，数字を《語群》より選び記号で答えなさい。

《語群》　ア　総務　　　　　イ　太平洋ベルト
　　　　　ウ　1980　　　　　エ　自動車
　　　　　オ　重化学工業　　カ　文化
　　　　　キ　15.5　　　　　ク　加工
　　　　　ケ　環境　　　　　コ　1960
　　　　　サ　コンビナート　シ　軽工業
　　　　　ス　70

問2 下線部Aに関して，次の①・②の問いに答えなさい。
　①　古くから繊維・陶磁器工業がさかんで，戦後は豊田を中心に自動車工業がさかんとなった工業地帯を答えなさい。
　②　鉄鋼・金属・機械・化学・食料品などの工業がさかんな総合工業地帯となっていて，とくに機械工業の生産高が多く，印刷業もさかんな工業地帯を答えなさい。

東海大学付属相模中・改題

考えるヒント

問1　5　東は茨城県から西は福岡県・大分県まで，ひとつの帯状に連なるこの地域は，面積では国土の約4分の1をしめるにすぎないが，工業生産額では全国の約3分の2をあげている。

7 次のわが国の工業地域についてのグラフを見て，あとの各問に答えなさい。なお，「工業地帯」と呼ばれているところでも「工業地域」と名称を統一しています。

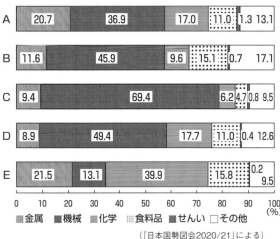

おもな工業地域の工業製品出荷額の割合

	金属	機械	化学	食料品	せんい	その他
A	20.7	36.9	17.0	11.0	1.3	13.1
B	11.6	45.9	9.6	15.1	0.7	17.1
C	9.4	69.4	6.2	4.7	0.8	9.5
D	8.9	49.4	17.7	11.0	0.4	12.6
E	21.5	13.1	39.9	15.8	0.2	9.5

（『日本国勢図会2020/21』による）

問1 次のア～オの各文は，A～Eの工業地域のどれについて説明したものですか。あてはまるものをそれぞれ1つずつ選び，その記号を答えなさい。

ア　臨海部の埋立地に大規模な工場が多く，わが国第5位の工業生産額をあげている工業地域である。(1)中心の大都市では印刷業も盛んである。

イ　アの工業地域の発展につれて臨海部に大規模な製鉄所や石油化学工場ができた工業地域であり，(2)南部の都市の埋立地まで大工場がつながっている。

ウ　第二次世界大戦中までは，わが国最大の工業地域であった。南部はせんい工業が発達した都市が多く，(3)1994年に完成した空港近くの都市もその一つである。

エ　第二次世界大戦後に急速に発達した工業地域で，なかでも内陸にある(4)自動車工業の発達した都市からは海外に多くの自動車が輸出されている。

オ　昔は製紙や絹織物業が盛んであったが，近年は電気やコンピュータ関係などの組み立て工業が発達し，県境付近に(5)自動車工業の盛んな都市もある。

入試問題演習

問2 問1の各文の中の下線部(1)〜(5)にあてはまる都市名を次のなかからそれぞれ1つずつ選び，その記号を答えなさい。

ア 名古屋　イ 君津　ウ 大阪　エ 高崎
オ 和歌山　カ 泉佐野（いずみさの）　キ 東京
ク 太田　ケ 豊田　コ 市原

問3 A〜Eのグラフの工業地域の名称を次のなかからそれぞれ1つずつ選び，その記号を答えなさい。

ア 阪神（はんしん）工業地域　イ 東海工業地域
ウ 京浜（けいひん）工業地域　エ 京葉工業地域
オ 中京工業地域　カ 関東内陸工業地域

問4 A〜Eのグラフは，実際にはいくつかの都道府県の全域の統計です。下の地図を見ながら，その都道府県の組み合わせとして正しいものをア〜オのなかからそれぞれ1つずつ選び，その記号を答えなさい。

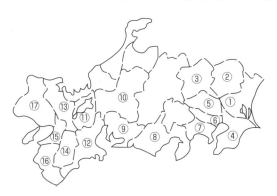

A　ア①② イ⑮⑰ ウ⑬⑮⑯ エ⑥ オ①④
B　ア⑮⑯ イ⑧⑨ ウ⑦ エ②③⑤ オ④⑥
C　ア⑨ イ⑨⑫ ウ⑤⑥⑦ エ①④⑥ オ①②③
D　ア③⑤ イ⑧⑨⑫ ウ⑥⑦ エ④⑥⑦ オ⑬⑮⑰
E　ア④ イ④⑥⑦ ウ⑭⑮⑰ エ①③⑤ オ⑨⑪⑫

桐蔭学園中・改題

考えるヒント

問3 Aは阪神（はんしん）工業地帯，Bは関東内陸工業地域，Cは中京工業地帯，Dは京浜（けいひん）工業地帯，Eは京葉工業地域のグラフである。

問4 阪神は大阪府・兵庫県，中京は愛知県・三重県，京浜は東京都・神奈川県，京葉は千葉県をさす。また，関東内陸は，文字通り，関東地方の内陸県を考える。

貿易・交通

例題　輸出入相手国に注目する

■　次のグラフを見て，各問いに答えなさい。（図は『日本国勢図会2020/21』による）

輸出入品目の戦前・戦後の比較

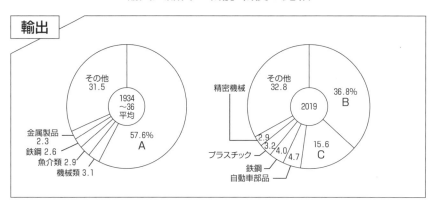

2019年度輸出総額　76兆9317億円

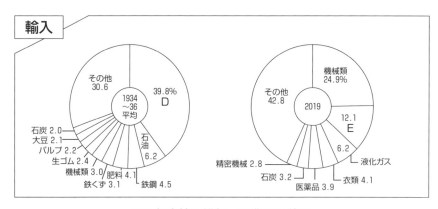

2019年度輸入総額　78兆5995億円

問1　図中のA〜Eに相当する品目を語群から選び記号で答えなさい。

　　ア　魚介類　　イ　石油（製品含む）　　ウ　米　　エ　石炭　　オ　自動車

　　カ　せんい品　　キ　せんい原料　　ク　機械類　　ケ　小麦

問2　図中のCに相当する品目の最大輸出先国はどこですか。国名を答えなさい。

鎌倉学園中・改題

解　説 ●

　わが国の貿易品目を戦前と戦後で比べてみると，その内容に大きな変化が見られます。これは
わが国の産業の中心が**せんい工業**から**機械工業**へ移り変わったからです。それにともなって，主
な輸出入品目は重化学工業製品やその原料となり，主な貿易相手国は原油の産油国や中国・アメ
リカ合衆国（がっしゅうこく）・オーストラリアなどになりました。

主な輸出品の輸出相手国（2019年）

自動車	アメリカ 36%	中国 7	6	オーストラリア 4	その他 47

（アラブ首長国）

半導体	中国（ちゅうごく） 25%	香港（ホンコン） 19	台湾（たいわん） 18	韓国 6	その他 32

鉄鋼（てっこう）	中国 16%	タイ 14	韓国 14	アメリカ 6	その他 50

船舶（せんぱく）	パナマ 40%	シンガポール 17	リベリア 15	その他 28

主な輸入品の輸入相手国（2019年）

原油	サウジアラビア 36%	アラブ首長国 30	カタール 9	クウェート 8	ロシア 6	その他 11

石炭	オーストラリア 59%	インドネシア 12	ロシア 10	アメリカ 9	カナダ 7	その他 3

鉄鉱石	オーストラリア 52%	ブラジル 28	南アフリカ共和国 3 カナダ 8	アメリカ 2 その他 7

木材	カナダ 24%	アメリカ 18	ロシア 14	フィンランド 8	その他 36

果実	アメリカ 20%	フィリピン 19	中国 15	ニュージーランド 9	その他 37

肉類	アメリカ 26%	オーストラリア 14	タイ 14	カナダ 10	中国 7	その他 29

魚介類（ぎょかい）	中国 18%	アメリカ 10	チリ 8	ロシア 8	ベトナム 7	その他 49

小麦	アメリカ 46%	カナダ 35	オーストラリア 18	その他 1

大豆（だいず）	アメリカ 71%	ブラジル 14	カナダ 14	その他 1

解　答

問1　Ａ　カ　　Ｂ　ク　　Ｃ　オ　　Ｄ　キ　　Ｅ　イ
問2　アメリカ合衆国

入試問題演習

(☞ 解答は113ページ)

1　最近の日本の貿易に関して，ア〜オの問いに答えなさい(2019年)。

ア　日本の輸出品の中で，1〜5のうち，金額的に最も大きな割合をしめているのはどれですか。

1　カメラ　　2　鉄鋼　　3　機械類
4　テレビ　　5　自動車

イ　日本の輸入品の中で，1〜5のうち，金額的に最も大きな割合をしめているのはどれですか。

1　鉄鉱石　　2　小麦　　3　原油
4　航空機　　5　機械類

ウ　日本の貿易相手国の中で，1〜5のうち，金額的に最も大きな割合をしめているのはどれですか。

1　中国　　　2　アメリカ　　3　韓国
4　ドイツ　　5　イギリス

エ　サウジアラビアからの輸入品の中で，1〜5のうち，金額的に最も大きな割合をしめているのはどれですか。

1　羊毛　　2　肉類　　3　原油　　4　鉄鉱石
5　石炭

オ　オーストラリアからの輸入品の中で，1〜5のうち，金額的に最も大きな割合をしめているのはどれですか。

1　羊毛　　2　肉類　　3　原油　　4　鉄鉱石
5　石炭

慶應義塾中等部・改題

2　次の⒜・⒤の文を読んであとの各問いに答えなさい。

⒜　日本の貿易は第2次世界大戦後，工業の発展につれて増加し，今では，世界第4位の貿易額の多い国となっている。わが国は，資源がとぼしく人口が多いので，A工業原料や燃料をたくさん輸入し，工業製品を輸出するという型を基本として発展してきた。

　　ところが近年は，燃料や原料の輸入の割合が減り，かわって，B電気製品や衣類などの工業製品のほか，（　ア　）の輸入が増えてきている。

⒤　C日本の工業製品が大量に輸入されると，その国の工業がおとろえてしまうことがある。また，工業がおとろえると，多くの労働者が仕事を失ってしまう。こ

ア・イ　日本は，多くの工業原料や燃料を輸入し，工業製品を輸出してきた。これを加工貿易という。しかし，最近は工業製品の輸入比率が高まってきている。

ウ　長年，輸入・輸出とも，日本にとっての最大の貿易相手国はアメリカ合衆国であったが，近年中国との貿易が飛躍的にのびている。

オ　オーストラリアにとって，日本は中国に次ぐ第二の貿易相手国である(2018年)。

考えるヒント

のように，輸出が特に集中しすぎて輸出入のつりあいがとれないことが原因でおこる問題のことを（ イ ）という。

問1 世界で貿易額のもっとも多い国を下の①〜⑤より選び，番号で答えなさい。

① フランス　② 中国　③ ドイツ
④ ロシア　⑤ アメリカ合衆国

問2 文中の（ ア ）にあてはまる語句を下の①〜④より選び，番号で答えなさい。

① 綿花　② 食料品　③ 羊毛　④ 船舶

問3 文中の下線部Aのような貿易の型を何というか答えなさい。

問4 文中の下線部Bのような工業製品の輸入が増えてきている理由として正しいものを下の①〜④の中から選び，番号で答えなさい。

① 資源の不足により，日本の工業化が進まなかったため。
② 日本の工業製品の品質が世界の中で劣っているため。
③ 中国や韓国・東南アジアなど低賃金の国々の工業化が進んだため。
④ 日本は，農産物の輸出に力を入れているため。

問5 下線部Cのようなとき，輸入の量をおさえるために，輸入品に高い税金をかけることがある。この税金のことを何というか答えなさい。

問6 文中の（ イ ）にあてはまる語句を答えなさい。

問7 日本の輸出品のうち，輸出額が機械類に次いで第2位であり，名古屋港と横浜港からの輸出が多く，特に名古屋港は輸出額の約4分の1以上を占めるものは何か，答えなさい。

問8 次ページの表は，日本の輸入品とその輸入品の輸入先1位から3位までを示したものである。空欄の①〜③にあてはまる国を後の語群より選び，記号で答えなさい（2019年）。

問4 工業製品や衣類の輸入が増えてきている背景として，輸入相手国の工業化が進み，品質が向上していること，土地や人件費が安いため日本製のものにくらべ安いねだんで売れるといったことがある。また，最近では，こうした国に工場をたて，現地の人をやとい製品を生産し，日本に輸出する日本企業も増えている。

品目	1位	2位	3位
原油	①	アラブ首長国	カタール
小麦	②	カナダ	③
石炭	③	インドネシア	ロシア

(『日本国勢図会 2020/21』をもとに作成)

《語群》

A　チリ　　B　アメリカ合衆国　　C　ブラジル
D　サウジアラビア　　E　カナダ
F　オーストラリア　　G　メキシコ　　H　インド
I　ロシア

東海大学付属相模中・改題

3 次の「日本の貿易」に関する表を見て，〔 ① 〕〜〔 ⑤ 〕に当てはまる国名を語群のア)〜オ)より選んで記号で答えなさい。

	1位	2位	3位
おもな貿易相手国（輸出）	〔 ② 〕	〔 ① 〕	韓　国
おもな貿易相手国（輸入）	〔 ① 〕	〔 ② 〕	〔 ③ 〕
「石炭」輸入先	〔 ③ 〕	インドネシア	ロシア
「原油」輸入先	〔 ④ 〕	アラブ首長国連邦	カタール
「鉄鉱石」輸入先	〔 ③ 〕	〔 ⑤ 〕	カナダ
「野菜」輸入先	〔 ① 〕	〔 ② 〕	韓　国
「小麦」輸入先	〔 ② 〕	カナダ	〔 ③ 〕
「衣類」輸入先	〔 ① 〕	ベトナム	バングラデシュ
「集積回路」輸入先	台　湾	〔 ② 〕	〔 ① 〕

※『日本国勢図会2020/21』

[語　群]

ア)　アメリカ　　イ)　中国　　ウ)　オーストラリア
エ)　ブラジル　　オ)　サウジアラビア

明治大学付属中野八王子中・改題

4 次の文章中の（ ア ）〜（ オ ）に入る適切な語句をあとから選び，番号で答えなさい。

　　第二次世界大戦後しばらくの間，日本では１ドル＝360円の（ ア ）制で貿易が行われてきました。その後，（ イ ）制に移行し，1985年にはわずか半年の間に１ドル

考えるヒント

④　原油は中東の国々からの輸入が多くなっている。

入試問題演習

=240円台から150円台にまで大きく変化しました。そして，1993年8月16日にはロンドンで1ドル＝100円75銭で取引され，そして2011年には1ドル＝75円台の最高値を記録しました。日本の通貨である円がアメリカの通貨であるドルに対して価値が高くなることを（ウ）といいます。そのために日本製品の輸出価格が高くなって輸出が減り，日本の（エ）の減少につながると考えられています。

このような傾向のもとでは，消費者の毎日の生活に関わる輸入衣料品，輸入食料品や石油製品の価格，電気・ガス代などを下げて（オ）を行い，家計の支出減少をはかることも大切です。

```
①  輸出産業    ②  円高差益の還元
③  円安ドル高  ④  固定相場
⑤  貿易赤字    ⑥  変動相場
⑦  貿易黒字    ⑧  円高ドル安
⑨  外国為替    ⑩  歳入    ⑪  輸入制限
```

慶應義塾湘南藤沢中等部・改題

⑤ 日本の貿易について考えてみましょう。(『日本国勢図会2020/21』より)

(A) つぎの図1～図8をみて，問に答えなさい。(統計はすべて2019年度の数字)

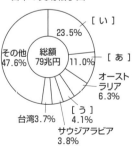

図1　輸出額からみた日本の貿易相手国

[あ] 19.8%
その他 43.6%
総額 77兆円
[い] 19.1%
[う] 6.6%
6.1%
香港 4.8%　台湾

図2　輸入額からみた日本の貿易相手国

[い] 23.5%
その他 47.6%
総額 79兆円
[あ] 11.0%
オーストラリア 6.3%
[う] 4.1%
サウジアラビア 3.8%
台湾 3.7%

問1　図1・図2をみて，日本の貿易について次の文から正しいものを1つ選び，番号で答えなさい。

考えるヒント

世界各国間の貿易にともなう代金の支払いや受け取りには，おもにアメリカ合衆国の貨幣であるドルが用いられる。1980年代以降，日本は貿易による巨額な黒字を生み出し，これが背景となってドルに対する円の価値が上昇した。

① 日本の貿易は，約2兆円の赤字となっている。

② 日本の貿易は，約2兆円の黒字となっている。

③ 日本の貿易は，輸出額と輸入額がほぼおなじである。

問2 図1・図2をみて，日本の貿易相手国について，次の文から正しいものを1つ選び，番号で答えなさい。

① ［ あ ］［ い ］［ う ］の国は3国とも，日本との貿易額は赤字である。

② ［ あ ］は，日本との貿易では大幅な赤字となっている。

③ 日本との貿易で，［ い ］の貿易額は赤字だが，［ う ］の貿易額は黒字である。

問3 図1・図2をみて，［ あ ］［ い ］［ う ］の国名を次の中から選び，番号で答えなさい。

① 中国　　② ロシア　　③ カナダ

④ アメリカ　　⑤ 韓国

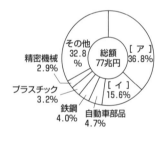

図3　日本の主な輸出品

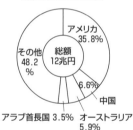

図4　日本が[イ]を輸出している主な国

問4 図3・図4をみて，［ ア ］［ イ ］の輸出品を次の中から選び，番号で答えなさい。

① 自動車　　② 鉄鋼　　③ 機械類

④ 船舶

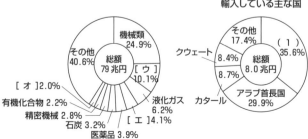

図5　日本の主な輸入品　　図6　日本が[ウ]を輸入している主な国

問4・問5　日本の貿易は原料を輸入し，それを製品として輸出する加工貿易とよばれているが，最近では機械など高度な技術力を必要とする製品を輸出して，原料や資源だけではなく，比較的簡単な技術力で生産できる機械やせんい製品，そして食料品を輸入するようになっている。

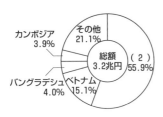

図7　日本が［ エ ］を
輸入している主な国

カンボジア
3.9%
その他
21.1%
バングラデシュ
4.0%
ベトナム
15.1%
総額
3.2兆円
（ 2 ）
55.9%

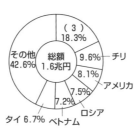

図8　日本が［ オ ］を
輸入している主な国

その他
42.6%
（ 3 ）
18.3%
チリ
9.6%
アメリカ
8.1%
総額
1.6兆円
ロシア
7.5%
ベトナム
7.2%
タイ 6.7%

問5　図5の［ ウ ］［ エ ］［ オ ］の輸入品を，図6，図7，図8を参考にして次の中から選び，番号で答えなさい。
① 衣類　　② 木材　　③ 石炭　　④ 原油
⑤ 魚介類

問6　図6の（ 1 ）にあてはまる国名を答えなさい。

問7　図7の（ 2 ）にあてはまる国名を答えなさい。

問8　図8の（ 3 ）にあてはまる国名を答えなさい。

(B)　日本は，農産物の輸入量がたいへん多い国です。また，食糧自給率は世界でも低い国の一つになっています。たとえば2018年，パンやめん類などの原料となる小麦はその87％を輸入にたよっています。日本が一番たくさん小麦を輸入している国は，日本の2番目の貿易相手国です。日本が2番目にたくさん小麦を輸入している国は，日本が木材を一番たくさん輸入している国です。日本が3番目にたくさん小麦を輸入している国は，日本が鉄鉱石を一番たくさん輸入している国です。

問9　(B)の文章から，1番目，2番目，3番目の国名を次の中から選び，番号で答えなさい。
① ニュージーランド　　② オーストラリア
③ ブラジル　　④ アメリカ　　⑤ カナダ

東京純心女子中・改題

考えるヒント

(B)　日本の食料自給率はおよそ40％であり，残りのおよそ60％は外国からの輸入でまかなっている。また，輸入相手国もかたよっており，例年，上位となる2か国（アメリカ合衆国，中国）だけでおよそ3分の1をしめている。これらの国で戦争やテロなどにより大きな混乱がおきたり，病気などの健康不安がおきたりすることによって，日本が食料を輸入できなくなる可能性が心配されている。

日本の自然

例題　各地の気候の特色をとらえる

■　岡山付近の気候は，温暖で晴天にめぐまれ，１年を通じて雨量が少ない地域です。次の月別平均気温・降水量・湿度図１・２はどの都市のものですか。語群より選び，記号で答えなさい。

1

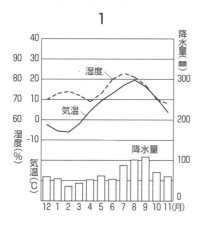

2

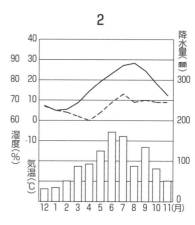

ア　網走（日本海型）　　イ　東京（東日本型）　　ウ　岡山（瀬戸内型）

エ　熊本（九州型）　　オ　奄美（南日本型）

〔気温と降水量は，1981〜2010年までの平均値〕

鎌倉学園中・改題

解説

　　日本の自然を理解するためには，地形だけでなく，気候の特色も理解しておく必要があります。
　　中緯度に位置している日本は，国土の大部分は**温帯**に含まれます。しかし，国土が南北に細長いため，北海道では**冷帯**の，沖縄など南西諸島では**亜熱帯**の気候が見られます。
　　さらに，まわりを海に囲まれているだけでなく，国土の中央部に高い山地が連なっているため，各地で変化に富んだ気候が見られます。
　　こうした各地の気候は，大きく，北海道の気候（日本海型・オホーツク型・東部北海道型），日本海側の気候，太平洋側の気候（東日本型・南海型・九州型），内陸性の気候，瀬戸内の気候，南西諸島の気候（南日本型）に分けられます。降水量と気温の特色に注意しながらグラフを読みとり，各地の特色をつかみましょう。

日本の気候区

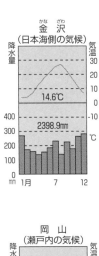

金沢
（日本海側の気候）

14.6℃

2398.9mm

北海道の
気候

札幌

日本海側の気候

金沢

岡山

高知

瀬戸内の
気候

松本

内陸性の
気候

太平洋側の気候

南西諸島

那覇

の気候

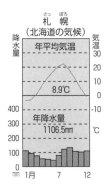

札幌
（北海道の気候）

年平均気温

8.9℃

年降水量
1106.5mm

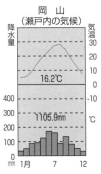

岡山
（瀬戸内の気候）

16.2℃

1105.9mm

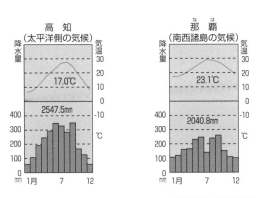

高知
（太平洋側の気候）

17.0℃

2547.5mm

那覇
（南西諸島の気候）

23.1℃

2040.8mm

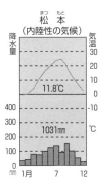

松本
（内陸性の気候）

11.8℃

1031mm

〔気温と降水量は，1981～2010年までの平均値〕

気候グラフ（雨温図）は，「折れ線」が気温を，「棒」が降水量を示します。

解　答

1　ア　　2　ウ

入試問題演習

（☞ 解答は113ページ）

1　次の問いに答えなさい。

問1　1〜6の文は，日本の各地について説明したもの
です。それぞれは，下の地図のどの地域にあてはま
りますか。あ〜け の記号で答えなさい。

1　この地域は，夏には水不足になりやすいところ
です。夏のひでりの害から水田を守るため，満濃
池など多くのため池があります。

2　木曽川が流れこむこの地域は，江戸時代から洪
水を防ぐため，さまざまな努力と工夫をしてきま
した。

3　この地域では冬をむかえると，店先にはスノー
ダンプが売り出されます。また，家のまわりや庭
木には雪囲いが取りつけられたりします。

4　この地域は，肉牛をはじめ，豚・にわとりなど
の畜産がおこなわれ，さつまいもやみかんの栽培，
冬には野菜の温室栽培がさかんです。

5　この地域は夏のすずしい気候を利用して，レタ
ス・はくさい・キャベツなどの野菜がさかんにつ
くられています。

6　この地域は冬の寒さが厳しいので，家の窓は二
重にしています。しかし，雪の降る量は多いとは
いえません。

考えるヒント

問1　1　「満濃池」は讃岐
平野にある。

2　この地域には，集落のま
わりを堤防で囲んだ輪中がみ
られる。

3　「スノーダンプ」とは，
雪おろしをするときに使う道
具。

5　この地域の夏がすずしい
理由は，標高が高いところに
あるからである。

入試問題演習

問2　次の地図A・地図Bは日本の季節の移り変わりを観察してあらわしたものです。それぞれの地図は何を観察したものですか。あてはまるものをあとの あ〜お から選び，記号で答えなさい。

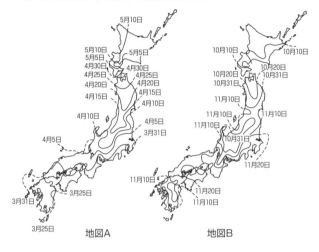

地図A　　　　地図B

　あ　さくらのさきはじめ
　い　あじさいのさきはじめ
　う　ひまわりのさきはじめ
　え　もみじの紅葉しはじめ
　お　うめの花のさきはじめ

問3　日本の冬は，下の地図C ▨ の地域に雪が多く降ります。それはどのような理由によりますか。2つ答えなさい。

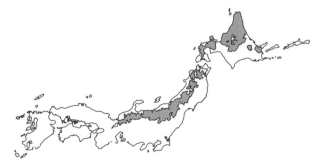

地図C
積雪量の多い地域
1年間で積もった雪の量が，5000cm以上の地域

広島学院中・改題

問2　地図Aでは，北へ行くほどおそくなり，地図Bでは，南へ行くほどおそくなっていることに注意しよう。

問3　冬の北西季節風は，日本海を越えるとき，暖流の影響をうけてしめり気をふくむ。このしめり気をふくんだ風が，日本海側に雪を降らせるのである。一方，太平洋側には水分をうしなったかわいた風が吹くため，晴れの日が多くなる。

考えるヒント

2　下の図は，日本の3つの河川の河口からの距離と標高を表しています。あとの各問いに答えなさい。

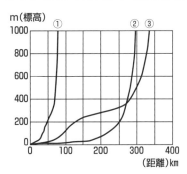

問1　①の河川は，富山県を流れています。この河川名を次から選び，記号で答えなさい。
ア　常願寺川　　イ　大井川
ウ　四万十川　　エ　淀川

問2　①の河川の源流がある山脈を次から選び，記号で答えなさい。
ア　飛騨山脈　　イ　越後山脈
ウ　鈴鹿山脈　　エ　赤石山脈

問3　②は，日本最大の平野を形成している河川です。この河川名を漢字で答えなさい。

問4　③は，②よりも長い河川です。この河川名を漢字で答えなさい。

問5　①の河川は，日本の河川の特色がよく表れています。①の河川から言える日本の河川の特色を，「河川の長さ」と「川の水の流れ」の2つの言葉を使って説明しなさい。

問6　②の河川は，河口から上流に120km付近から160km付近が，県境として利用されています。県境として利用している2つの県名を漢字で答えなさい。

問7　③の河川の河口から上流に200km付近では，どのような地形が広がっていると考えられますか。文章で答えなさい。

昭和学院秀英中

問3　日本で最も流 域面積が広い利根川は関東平野を流れている。
問4　日本で最も長い信濃川は越後平野を流れている。

3 地図を見て，問いに答えなさい。

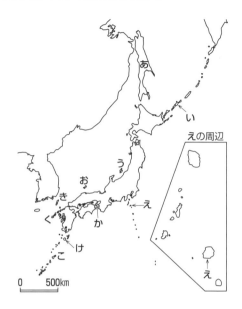

えの周辺

問1 以下の短文が説明している島の位置を図中の記号あ～こ を用いてそれぞれ答えなさい。

(1) 江戸時代には金の産地として知られた。天然記念物トキの最後の生息地としても有名で，「平成の大合併(だいがっぺい)」では全島が一市になった。

(2) 2000年に起きた火山噴火(ふんか)で全島民が本州に移住し，火山ガスの濃度が高いために帰島は遅れた。ようやく2005年 2 月から島民が島に戻(もど)り始め，生活の再建が始められた。

(3) 島の南部は，第二次世界大戦終結までは日本領であった。戦場になった数少ない島の一つである。現在，島の北部で石油・天然ガスの採掘(さいくつ)が進み，将来は日本へパイプラインで輸出する構想もある。

(4) 大陸と日本をつなぐ位置にある。古くから航海の上で重要な役割を果たし，元寇(げんこう)において激しい戦いが行なわれた。「平成の大合併」では全島が一市になった。

(5) 標高2000m近くの山が島のほぼ中央にそびえる。島内の気候は亜熱帯から亜寒帯までと地域差が大きく，そのため多彩な動植物が見られる。1993年に世界遺産に登録された。

(5) 樹齢(じゅれい)7000年あまりといわれる屋久島の縄 文杉(じょうもんすぎ)は有名である。

（6）　瀬戸内海最大の島で，大阪湾・播磨灘（はりまなだ）・紀伊水
　　道の海域に囲まれている。1995年1月の大地震は
　　この島の活断層が動いたことによって発生した。

問2　問1の短文が説明している島の名を下記より選び，
　　それぞれ記号た～は を用いて答えなさい。

　　た　奄美大島（あまみ）　　ち　淡路島　　　つ　択捉島（えとろふ）
　　て　隠岐島（おき）　　と　五島列島　　な　佐渡島
　　に　サハリン　　ぬ　チェジュ島　　ね　対馬（つしま）
　　の　三宅島　　は　屋久島

　　　　　　　　　　　　　　　　　　　　　桐朋中

④　下の日本地図を見て，あとの問いに答えなさい。

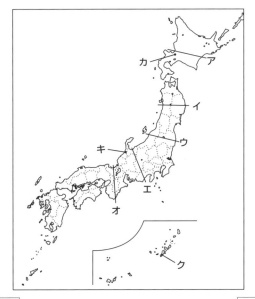

| 日本海側 | | | | 太平洋側 |

①　越後平野 － 会津盆地　－（ A ）湖　－ 郡山盆地　－ 阿武隈高地
②　富山平野 －（ B ）山脈 － 木曽山脈　－ 伊那盆地　－ 赤石山脈
③　石狩平野 － 夕張山地　－ 日高山脈　－（ C ）平野
④　丹波高地 － 京都盆地　－ 奈良盆地　－（ D ）山地
⑤　秋田平野 － 出羽山地　－（ E ）山脈 － 北上盆地　－ 北上高地

問1　上の①～⑤は，地図中のア～オのいずれかの線上
　　に位置する平野や山脈，盆地などの地名を，日本海
　　側から太平洋側に順に並べています。②と⑤はア～
　　オのどれにあたるか，記号で答えなさい。また，

（6）　瀬戸内海最大の島である
淡路島（あわじ）はたまねぎの生産がさ
かんである。

問2　鹿児島県の奄美大島（あまみおお）は
つむぎの産地として知られて
いる。択捉島（えとろふ）は北方領土の中
で面積が最も広い島である。

入試問題演習

（ A ）～（ E ）にあてはまる地名を，下の㋐～㋖から選び，記号で答えなさい。

㋐ 紀伊　　㋑ 猪苗代　　㋒ 近江　　㋓ 十勝
㋔ 奥羽　　㋕ 飛騨　　㋖ 鈴鹿

問2　図中のカ～クの都市の気温と降水量を表したグラフとして適当なものを，下のA～Dから選んで，記号で答えなさい。なお，Eは東京のグラフです。

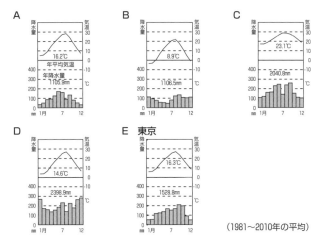

（1981～2010年の平均）

聖学院中・改題

5　次の文を読んで，1～2の問いに答えなさい。

①　平均気温は各月とも0度以上，9月の降水量は150ミリをこえるが，一年中で降水量が多い月は12月や1月であり，これは冬の季節風の雪によるものである。

②　暖かくて比較的晴れの日が多く，1年を通じて雨が少ない。また，平均気温は各月とも0度以上となっている。

③　気温の夏と冬の格差が大きい。内陸独特の気候である。雨の量は6月または7月および9月が最も多い。

④　夏涼しく梅雨がない。雨の量は8月が一年中で最も多く130ミリ程度，年平均の気温は10度以下である。

1　①～④の文の説明にあてはまる地域の「月別平均気温・降水量グラフ」として適切なものを次ページのア～カより選んで記号で答えなさい。

考えるヒント

問2　カ～クの地点がそれぞれどの気候区に属するのか考えることが大切である。

①は日本海側の気候，
②は瀬戸内（せとうち）の気候，
③は内陸性の気候，
④は北海道の気候である。

考えるヒント

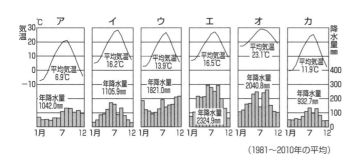

（1981〜2010年の平均）

2　①〜④の文の説明にあてはまる場所を，右の地図のあ〜き より選んで記号で答えなさい。

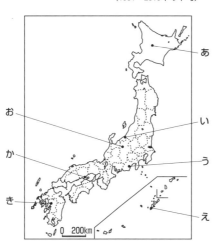

湘南白百合学園中・改題

1　平均気温，年降水量の数値や１年間の気温差，降水量が多い月などに注目するとよい。

6　地図を見て，問いに答えなさい。

問1　次の各短文が説明している海域を，図中に示した記号あ〜こ を用いてそれぞれ答えなさい。

入試問題演習

(1) 対馬・壱岐の東側の海域で，好漁場として知られる。沿岸には呼子・唐津・下関などの漁港がある。博多湾も，この海域に面した入り江である。

(2) 能登半島がいだく湾で，庄川，神通川・黒部川などが流入する。好漁場として知られ，蜃気楼が見られる海域としても有名である。

(3) 大井川・安倍川・富士川・狩野川などが流入する海域。沿岸の都市のうち，焼津や沼津は水産業で知られ，清水（現在では静岡市と合併）や富士には有力な工業が成立している。

(4) 渡島半島がいだく入り江で，湾内から複数の活火山が望めることから「噴火湾」の名もある。東岸に工業都市室蘭，南岸に大沼国定公園がある。

(5) 常滑沖の「中部国際空港」が万国博覧会開催に合わせて開港した海域。北岸には木曽三川が流入する輪中地帯があり，西岸の四日市・鈴鹿，東岸の東海・常滑など，沿岸には工業都市が多い。

(6) 海域の南端には利根川が注いでいる。沿岸の鹿島港は砂丘地を掘り込んだ巨大な工業港で，鉄と石油の工業や火力発電所を成立させている。

(7) 丹後半島の東側海域で，北陸地方南部に面する湾入部。天橋立や三方五湖など景勝地が多いほか，原子力発電所が集中するところとしても知られる。

(8) 小豆島と淡路島にはさまれた海域で，船舶の往来が多い。北岸に国宝姫路城のある姫路，加古川，高砂と工業都市が多い。

問2 問1の各短文が説明している海域のうち，(3)・(5)・(7)・(8)の名を，下記より選んで記号さ〜にを用いてそれぞれ答えなさい。

さ 安芸灘	し 石狩湾	す 伊勢湾
せ 伊予灘	そ 相模湾	た 周防灘
ち 駿河湾	つ 播磨灘	て 備後灘
と 三河湾	な 陸奥湾	に 若狭湾

桐朋中

考えるヒント

問1　各短文中にある川，島，半島などの地名を手がかりにして考えることができる。

(7)　天橋立は「日本三景」の一つで，京都府にある。

(8)　姫路，加古川，高砂は，いずれも兵庫県の都市である。

農林水産業

例　題　日本の漁業の現状に注目する

■　日本の水産業について，次の問いに答えなさい。

問1　次のア～エの文のうち正しいものには○，誤っているものには×で答えなさい。

ア　各国が200海里水域を設けた影響で遠洋漁業の漁獲量が減少しはじめたのは，1980年代になってからである。

イ　遠洋漁業の漁獲量が減少してきたのに対して，沿岸漁業の漁獲量は増加している。

ウ　日本で漁獲量の多いいわしは，人間の食用になるのはわずかで，大部分が養殖用のえさなどに使われている。

エ　かきの養殖は広島県や北海道で盛んに行われている。

問2　各国が200海里水域を設けたことによって，日本の水産業は大きな影響を受けています。200海里とはキロメートルでいうとどのくらいの距離ですか，整数で答えなさい。

問3　これからは育てる漁業が重要だといわれています。育てる漁業のうちで，卵をふ化したり稚魚を放流したりする漁業を何といいますか，答えなさい。

問4　日本が輸入している水産物のうち，輸入金額の最も多いものを答えなさい（2019年）。

問5　次の図は日本の主な漁港を表わしています。㋐～㋕にあてはまる漁港を漢字で答えなさい。

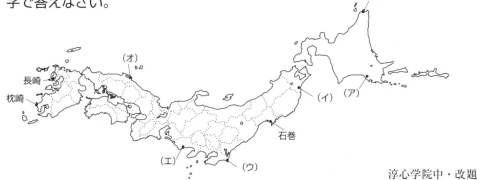

淳心学院中・改題

　遠洋漁業は，1960年代後半から急速に漁獲量をのばしましたが，1970年代に入ってからその漁獲量を大きく減らしました。これは，1973年におこった**石油危機**によって漁船の燃料費が上昇したことと，1977年に各国が**200カイリ**の**漁業専管水域**を設定したことによって，日本の漁船が外国の200カイリ内で操業することが困難になったためです。

　沖合漁業は，遠洋漁業が後退してからも漁獲量をのばし，日本の漁業をささえてきました。しかし，1989年から急速に漁獲量を減らし，その結果，日本全体の漁獲量も減るようになりました。沖合漁業の漁獲量が減った主な原因としては，それまで豊漁が続いていたいわし（中でもまいわし）の漁獲量の減少があげられます。

　漁獲量が減少する一方で，水産物の輸入量は増加し続け，日本は今や世界有数の水産物輸入国となっています。輸入額が最も大きい水産物は**さけ・ます**(2019年)で，おもにチリやノルウェーなどの国々から輸入しています。

漁業別漁獲量の移り変わり

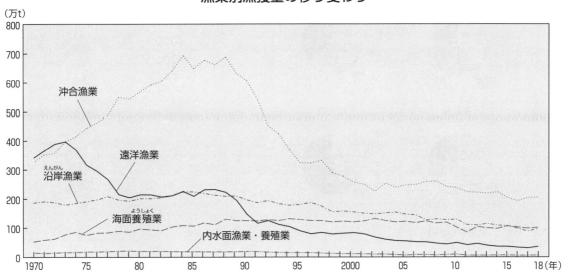

解　答

問1　ア　×　　イ　×　　ウ　○　　エ　×
問2　370km　　問3　栽培漁業　　問4　さけ・ます
問5　⑦　釧路　　⑦　八戸　　⑦　銚子　　⑦　焼津　　⑦　境

入試問題演習

レベルB　農林水産業

(☞ 解答は113ページ)

① 下のグラフは，野菜・くだもの・畜産物の主な生産地をあらわしています。

グラフや説明文をもとに，ア～オにあてはまる都道府県名を，漢字で答えなさい。

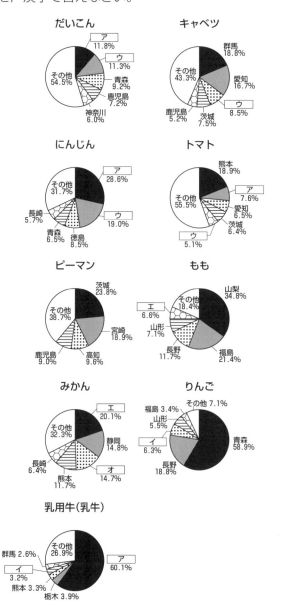

だいこん
- ア 11.8%
- ウ 11.3%
- 青森 9.2%
- 鹿児島 7.2%
- 神奈川 6.0%
- その他 54.5%

キャベツ
- 群馬 18.8%
- 愛知 16.7%
- ウ 8.5%
- 茨城 7.5%
- 鹿児島 5.2%
- その他 43.3%

にんじん
- ア 28.6%
- ウ 19.0%
- 徳島 8.5%
- 青森 6.5%
- 長崎 5.7%
- その他 31.7%

トマト
- 熊本 18.9%
- ア 7.6%
- 愛知 6.5%
- 茨城 6.4%
- ウ 5.1%
- その他 55.5%

ピーマン
- 茨城 23.8%
- 宮崎 18.9%
- 高知 9.6%
- 鹿児島 9.0%
- その他 38.7%

もも
- 山梨 34.8%
- 福島 21.4%
- 長野 11.7%
- 山形 7.1%
- エ 6.6%
- その他 18.4%

みかん
- エ 20.1%
- 静岡 14.8%
- オ 14.7%
- 熊本 11.7%
- 長崎 6.4%
- その他 32.3%

りんご
- 青森 58.9%
- 長野 18.8%
- イ 6.3%
- 山形 5.5%
- 福島 3.4%
- その他 7.1%

乳用牛(乳牛)
- ア 60.1%
- その他 26.9%
- 栃木 3.9%
- 熊本 3.3%
- イ 3.2%
- 群馬 2.6%

果実，野菜は生産量の割合(2018年)，
乳用牛は頭数の割合(2019年)

考えるヒント

アは，乳用牛の飼育がさかんなので，広い土地のある都道府県を考えよう。

イの「海岸線に特徴のある」とは，山地が海に沈んでできた入り組みの多いリアス海岸をさす。

ウの関東地方で近郊農業がさかんな県としては，千葉県と茨城県があげられる。

エの「古くから信仰を集めた山地」とは紀伊山地のことで，熊野那智大社，熊野速玉大社，熊野本宮大社は，熊野三山とよばれている。そして，那智の滝は，熊野詣の最終目的地であった。

都道府県	説明文
ア	明治時代になって外国から農業技術が導入され，大規模な農業が行われるようになった。
イ	海岸線に特徴のあるこの県は，稲作と食肉用のにわとりの飼育がさかんである。
ウ	関東地方にあるこの県は，宅地化が進む一方で大都市むけの近郊農業がさかんである。
エ	降水量の多いこの県には，古くから信仰を集めた山地があり，柿や梅の生産が多い。
オ	降水量が比較的少ない温暖な気候で，島々を結ぶ橋によって本州とむすばれた。

和洋国府台女子中・改題

2 下の表1は食料の自給率を，あとの図1の色のついた都道府県は表1のA〜Eの収穫量（または頭数・漁獲量）が1〜5位の都道府県を示しています。表1のA〜Eはどの品目にあたりますか。次の中からそれぞれ1つ選び，記号で答えなさい。ただし図1では，「野菜」は「きゅうりの収穫量」を，「魚介類」は「海面漁獲量（海での漁獲量のうち養殖をふくまない量）」を示しています。

ア 小麦　イ 米　ウ 牛肉　エ 野菜
オ 魚介類

表1　主要食料の自給率（%）

品目	1970年	1980年	1990年	2000年	2018年
A	106	100	100	95	97
B	108	97	72	52	55
鶏卵	97	98	98	95	96
C	99	97	91	81	77
牛乳・乳製品	89	82	78	68	59
D	90	72	51	34	36
くだもの	84	81	63	44	38
E	9	10	15	11	12
豆類	13	7	8	7	7

考えるヒント

自給率が1970年に100%をこえているのは，米と魚介類である。野菜の自給率は昔も今も比較的高く，小麦の自給率は1960年代に大きく低下した。牛肉の自給率の変化は，1991年からの輸入自由化を参考にしよう。

図1　食料の生産都道府県（収穫量・頭数・海面漁獲量）

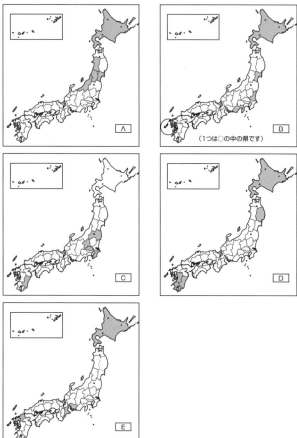

（きゅうりは2018年，米・小麦・肉牛と海面漁獲量は2019年）

早稲田実業学校中等部・改題

③　北海道や九州各県のことについて，あとの問いに答え
　　なさい。

　問1　次の表は，北海道と九州の長崎・熊本・宮崎・鹿
　　　　児島各県の人口や農業生産に関する統計です。あと
　　　　の(1)〜(5)の問いに答えなさい。

米の生産量は，北海道と新潟
県が毎年1位・2位を競い，
3位は秋田県である。
きゅうりの生産量は，九州の
促成栽培がさかんな県や，関
東地方の近郊農業がさかんな
県を考えよう。
肉牛の飼育は，広い土地のあ
る北の地域や，シラス台地の
広がる九州南部でさかんであ
る。
漁獲量の多い都道府県は，水
揚げ量の多い漁港も参考にな
る。

入試問題演習

	人口密度 人/1km²	第1次産業 割合(%)	米 (万t)	小麦 (万t)	a (万t)	b (万t)	c (万t)	きゅうり (千t)	ピーマン (千t)	d (千t)	e ( )	f ( )	g ( )
ア	174.4	9.5	8.9	—	1.1	9.7	34.9	11.1	12.6	—	1.4	33.8	2797
イ	66.9	7.4	58.8	67.8	—	174.2	—	15.3	4.9	—	80.1	51.3	492
ウ	321.1	7.7	5.2	0.2	5.0	9.2	0.6	7.8	—	—	0.7	7.9	301
エ	138.8	11.0	7.5	—	1.0	1.2	10.8	62.4	26.5	—	1.4	25.0	2824
オ	235.9	9.8	16.1	1.9	9.0	1.3	2.6	13.0	3.3	7.4	4.4	12.5	324
全国	338.3	4.0	776.2	103.7	77.4	226.0	74.9	550.0	140.3	7.5	133.2	250.3	13823

(注意)人口密度は2019年人口推計, 第1次産業割合は2015年国勢調査, 米・小麦は2019年, a・b・c・きゅうり・ピーマン・dは2018年作物統計。e・f・gは2019年畜産統計による。
―は生産量 0 や少ないものをふくむ。
e・f・gの単位は万頭・万羽のいずれか。

(1) 表中のア・イの道・県名を答えなさい。

(2) 表中のa・b・cは, かんしょ(さつまいも)・ばれいしょ(じゃがいも)・みかんのいずれかです。a～cに当てはまる組み合わせとして正しいものを一つ選び, 記号で答えなさい。

	ア	イ	ウ	エ	オ	カ
a	かんしょ	かんしょ	ばれいしょ	ばれいしょ	みかん	みかん
b	ばれいしょ	みかん	かんしょ	みかん	かんしょ	ばれいしょ
c	みかん	ばれいしょ	みかん	かんしょ	ばれいしょ	かんしょ

(3) 表中のdは, オ県が生産の約99%を占めています。また, これを利用して作られた製品は, 中国からの輸入が急増したため, 2001年に緊急に輸入を制限されたこともあります。この農産物の名を答えなさい。

(4) 表中のe・f・gは, 肉用牛・乳用牛・ブロイラー(にわとり)のいずれかです。e～gに当てはまる組み合わせとして正しいものを一つ選び, 記号で答えなさい。

	ア	イ	ウ	エ	オ	カ
e	肉用牛	肉用牛	乳用牛	乳用牛	ブロイラー	ブロイラー
f	乳用牛	ブロイラー	肉用牛	ブロイラー	肉用牛	乳用牛
g	ブロイラー	乳用牛	ブロイラー	肉用牛	乳用牛	肉用牛

考えるヒント

問1 表の空欄は, 確実にわかるところから埋めていこう。
(1) 北海道は, 人口密度が最も低く, 小麦の生産では全国の半分以上をしめ, じゃがいもの生産では全国の8割近くをしめる。宮崎県は, 野菜の促成栽培がさかんなことが手がかりになる。

(3) 日本は, ネギ・シイタケなど中国産の3品目について, 2001年にセーフガードを発動した。オの県が生産の99%をしめるものは, 加工されて, たたみ表となる。
(4) 乳用牛は北海道が圧倒的に多く, また, 肉牛の飼育も多い。それに対して, せまいところでも飼育できるブロイラーは, 鹿児島県・宮崎県が多い。

考えるヒント

(5)　北海道の生産量が，全国の約40%以上を占める
　　ものがいくつもあります。下の農産物の中から当
　　てはまらないものを一つ選び，記号で答えなさい。
　　　ア　はくさい　　イ　たまねぎ　　ウ　てんさい
　　　エ　かぼちゃ　　オ　あずき

問2　日本は世界的な水産国として知られています。そ
　　のことに関する次の文の（　ア　）・（　イ　）にもっとも
　　よく当てはまる語句を答えなさい。

　　　日本近海はよい漁場に恵まれています。暖流（黒
　　潮など）と寒流（親潮など）がぶつかるところであり，
　　（　ア　）とよばれる水深200mぐらいまでの浅い海底
　　が各地に見られ，そこでは海そう類がよく育ち，魚
　　の餌となる（　イ　）が多く，たくさんの魚が集まって
　　くるからです。

問3　下のグラフは，日本の漁業種類別漁獲量の推移を
　　示したものです。a～cの組み合わせとして正しい
　　ものを一つ選び，記号で答えなさい。

	ア	イ	ウ	エ	オ	カ
a	沿岸漁業	沿岸漁業	沖合漁業	沖合漁業	遠洋漁業	遠洋漁業
b	沖合漁業	遠洋漁業	沿岸漁業	遠洋漁業	沿岸漁業	沖合漁業
c	遠洋漁業	沖合漁業	遠洋漁業	沿岸漁業	沖合漁業	沿岸漁業

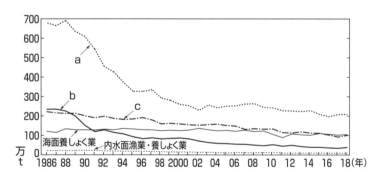

問4　北海道周辺海域は，いか漁でも知られるところで
　　す。いかをとる漁法として正しいものを一つ選び，
　　記号で答えなさい。

問3　沖合漁業の漁獲量は，
いわしの激減により，1980年
代後半から大きく減った。沿
岸漁業の漁獲量は多くはない
が，一定している。遠洋漁業
の漁獲量は，1970年代初めは
1位だったが，各国の漁業専
管水域200カイリの実施によ
って外国の200カイリ水域で
自由に漁業ができなくなり，
漁獲量は大きく減少した。

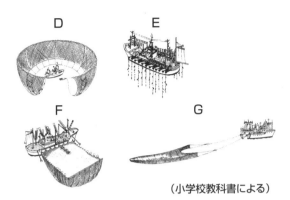

（小学校教科書による）

問5 北海道の河川では，さけの卵から稚魚(ちぎょ)を育てて川にはなし，数年後に大きくなって戻(もど)ってきたさけをとるという漁業が盛んに行われています。このような漁業のことを何というか，答えなさい。

開成中・改題

④ あとの地図(1)〜地図(4)は，日本の代表的な農産物（野菜・果実・米・畜産）の生産額が多い都道府県を○印で示したものです。(2017年，『データでみる県勢2020』より)

問1 米の生産額が多い都道府県を示している地図はどれですか。地図(1)〜(4)の中から一つ選び番号で答えなさい。

問2 畜産の生産額が多い都道府県を示している地図はどれですか。地図(1)〜(4)の中から一つ選び番号で答えなさい。

問3 日本では長い間米づくり中心の農業をしてきましたが，現在では地図に見るように地域の特性を生かした多様な農業が展開されています。これらの地域では外国からの農産物に負けないようにさまざまな工夫・改良がされています。これについて，次のイ〜ホの中から正しくないものを一つ選び，記号で答えなさい。

イ　おいしい農産物を生産するための土づくり・水管理を心がけ，化学肥料や農薬の利用をなるべく減らしている。

ロ　品質の良い畜産物を生産するための衛生的な飼育管理をコンピューターで管理している。

考えるヒント

問1 米の生産は，北海道と東北・北陸地方が多い。

問2 畜産(ちくさん)は，広い土地のあるところや火山灰地が広がり土地の性質が稲作(いなさく)に向かないところでさかんである。

問3 日本の農業は，一戸あたりの耕地面積(こうちめんせき)がせまく，これが，外国の農産物と価格の点で競争できない大きな理由となっている。

考えるヒント

八　輸入農産物より値段を安くするため，広大な土地で人手を使わずに大型機械を使って生産している。

ニ　消費者の好みを考えて生産し，品質を落とさないよう流通過程に注意をはらっている。

ホ　「完熟たいひ」などを生産過程に組み込んだ循環型農業で，特産地の名称をつけた農産物を生産している。

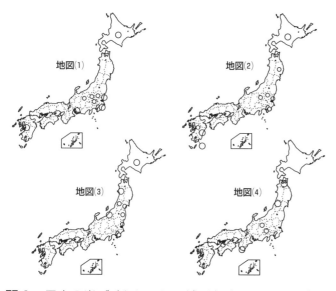

地図(1)　地図(2)　地図(3)　地図(4)

問4　日本の米づくりについて述べた次のイ～ホの中から，正しくないものを二つ選び，記号で答えなさい。

イ　国内の米の生産量は1960年代前半に最も多くなり，1,400万トンをこえた。

ロ　国内の人口分布が三大都市圏に集中した1960年代，米作農家が急激に減り，政府は米の自給政策をやめた。

八　国内の工業化が進んだ1960年代中ごろから，食生活が変化し，米作農家も米の消費量も減るようになった。

ニ　国内の水田は1960年代の後半には北海道まで広がり，米の生産量も最大になった。

ホ　国内の人びとの暮らしが豊かになった1990年代，おいしくて安心できる米が求められ，ブランド米が流通した。

問4　政府は，あまる米を減らすために，1970年から減反政策を実施した。また，稲作の北限は，次の図のように進んだ。

入試問題演習

問5　日本では農産物の輸入自由化が進められています。その原因・理由を考えてみました。次のイ～ホの中から正しくないものを一つ選び，記号で答えなさい。

イ　1970年代から自動車などの工業製品の輸出が伸び，貿易での黒字が批判されたため。

ロ　1970年代におきた石油危機で日本が不景気になり，国内農産物よりも安い輸入農産物が求められたため。

ハ　1980年代になると，日本の農業保護政策に対し農産物の輸出国から保護廃止が求められたため。

ニ　1990年代に新しい農業政策が始まり，輸入農産物と対抗できるように国内農業の自立が求められたため。

ホ　1990年代には，合衆国などから，農産物の輸入制限をなくす先進国としての貿易姿勢を強く求められたため。

問6　下の表は地図でとりあげた農産物の自給率です。米の自給率を示すのはどれですか。①～④の中からふさわしいものを一つ選び番号で答えなさい。

【表】　主な農産物の自給率の移り変わり

	1970年	1990年	2010年	2018年
①	84%	63%	41%	38%
②	89%	70%	57%	51%
③	99%	91%	83%	77%
④	106%	100%	95%	97%

雙葉中・改題

考えるヒント

問5　農産物の輸入自由化は，日本の巨額(きょがく)な貿易黒字による貿易摩擦(まさつ)が大きな原因となった。日本の工業製品の自由な輸出に対して，農産物に対する保護貿易的な政策(せいさく)は外国に対して説明がつかない。

考えるヒント

5　次の文章を読んで，下の問いに答えなさい。

　森林は，地球の環境を守る上で大切にしなければならない資源です。現在の日本は国土の約（　①　）%が森林におおわれていて，日本人は昔からこの森林と深くかかわって生きてきました。この森林を利用する林業には多くの人びとが従事してきました。しかし，現在の日本で使用される木材の多くが海外から輸入されるようになったり，林業で働く人が減ったりしてだんだん森林は荒れてきています。次の世代に美しい森林を残すためにも，私たちは努力しなくてはなりません。

問1　文章中の（　①　）にあてはまる数字を下のア～エの中から選びなさい。

　ア　30　　イ　40　　ウ　66　　エ　78

問2　次のA～Dの地域の森林は日本の有名な森林ですが，どのような樹木の種類で知られていますか。またその位置を下の地図のア～コから選びなさい。

　A　白神山地
　B　津軽半島
　C　知床半島
　D　木曽川流域

問2　白神山地は，1993年に世界遺産条約に登録された。津軽半島と木曽川流域の森林は，天然の三大美林に数えられている。

問3　下のグラフは，日本の木材の2019年度の主な輸入先を示したものです。Aにあてはまる国の名を書きなさい。

0%		50%			100%
A	アメリカ合衆国	ロシア	フィンランド	その他	

問4　なぜ林業で働く人が減るいっぽうなのですか。理由を説明しなさい。

横浜雙葉中・改題

問4　1960年代に入ってから，日本で使われる木材にしめる輸入材の割合は増え続け，現在では輸入材が約7割をしめている。

⑥ 次の(1)・(2)の文を読んで、それぞれの問いに答えなさい。

(1) 北海道にあるこの漁港は、水あげ量が多い漁港の一つです。この漁港は、日本の代表的な遠洋漁業であった（　　）漁業の基地として発展してきたところです。しかし、今ではこの漁業の漁かく量はへってしまい、水あげされる魚もいわしなどが中心となっています。

問1 この漁港はどこですか。

問2 文中の（　　）に入ることばを漢字2字で答えなさい。

問3 （　　）漁業の漁かく量は、どうしてへってしまったのですか。

問4 日本の漁業について、次のア〜ウから、正しいものを一つ選びなさい。

　　ア　小麦・乳製品・肉・野菜などの消費量はふえたが、魚・貝類の消費量はへっている。

　　イ　現在、最も漁かく量の多い漁業は沿岸漁業である。

　　ウ　今では育てる漁業がさかんになり、さけやくるまえびなどのさいばい漁業が行われるようになってきた。

(2) （　　）と阿賀野川が流れるこの平野では、米づくりがさかんです。この地方は、むかしは水はけが悪く、洪水も多いところでしたが、（　　）に分水路をつくったり、排水路を整えたりして、水とたたかってきました。その結果、今では日本の米どころの一つとなりました。

問1 この平野はなんという平野ですか。

問2 （　　）に入る川の名前を答えなさい。（　　）は同じ川です。

問3 米どころといわれているところは、みな、一つの品種に集中した米づくりがさかんですが、一つの品種にかたよった米づくりは、どのような問題点がありますか。

フェリス女学院中・改題

考えるヒント

(1)問1　この漁港は1992年に境にぬかれるまで、13年間水揚げ量日本一を続けていた。

(1)問3　1970年代後半に世界各国は200カイリの漁業専管水域を実施した。これにより、日本漁船は、ロシアやアメリカなど外国の200カイリ水域で自由に漁業ができなくなった。

(2)問3　現在、日本でもっとも多く栽培されている米の品種は「コシヒカリ」である。「コシヒカリ」は、日本の米の収穫量の34％（2019年）をしめ、「コシヒカリ」の系統を引く米は約8割にもなる。このように1つの品種の系統だけになると、病虫害や自然災害にあったときどのような影響をうけるか考えてみよう。

鉱工業

工業地帯(地域)の特色をまとめる

■　日本の工業について，以下の各問いに答えなさい。

問1　右のグラフ㋐〜㋓は，日本の四大工業地帯についての1935年，1960年，1990年，2017年の生産額の割合をそれぞれ示したものです。グラフの中の㋐〜㋔は，京浜工業地帯，中京工業地帯，阪神工業地帯，北九州工業地帯のいずれかを示しています。では，グラフ㋐〜㋓のうちで，1935年と判断できるものを選び，記号で答えなさい。

問2　右の図は，日本の工業の盛んな都市(生産額が1.5兆円以上の都市)の分布をあらわしています。ただし，図の関係で一部の都市を省いています。①〜③に該当する都市を地図の中から選び，記号で答えなさい。

①　4つの石油化学コンビナートがあり，日本最大の消費地帯にある。

②　石油化学と鉄鋼業の両方のコンビナートがあり，原料輸送などは内海の交通に支えられている。(この都市の人口は50万人以下)

③　日本一の自動車の生産高がある。

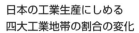

日本の工業生産にしめる
四大工業地帯の割合の変化

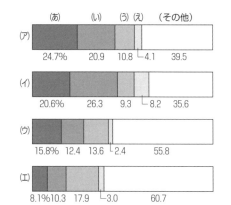

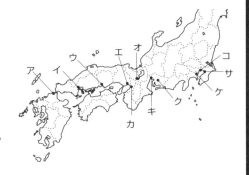

大阪星光学院中・改題

　古くから工業が発達して工場が集中しているところは，東京湾岸の**京浜工業地帯**と伊勢湾岸の**中京工業地帯**，大阪湾岸の**阪神工業地帯**，洞海湾岸の**北九州工業地帯**の４か所です。これらを四大工業地帯といいますが，生産額が少なくてのび悩んでいる北九州工業地帯をのぞいて，三大工業地帯といういい方もあります。

　戦後になると，これらの工業地帯のまわりや中間に，**京葉・東海・瀬戸内**の各工業地域が発達して，一つの帯状に連なりました。これを**太平洋ベルト**といい，面積では全国の４分の１の地域に，工業生産額の３分の２が集中しています。

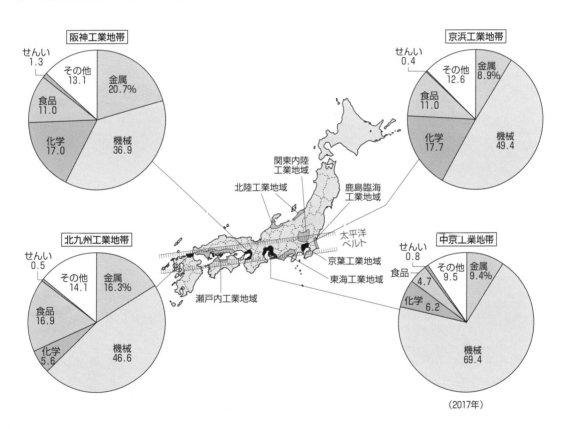

（2017年）

解　答

問1　（イ）

問2　①　サ　　②　ウ　　③　ク

レベルB　鉱工業

入試問題演習

（☞ 解答は114ページ）

① 日本の工業について後の問いに答えなさい。

問1 下の表は旧西ドイツ，イギリス，フランス，アメリカ合衆国，日本における経済の各期間中の伸びの平均を％で表わしたものです。たとえばA国の1961年から65年は毎年の伸び率を平均すると10％になったことを示しています。

(1) 表の中の日本はどれですか。表の記号で答えなさい。

(2) 1971年〜75年にすべての国が落ちこんでいるのはどんな理由によりますか，その理由をかんたんに書きなさい。

年\国	1961〜65	1966〜70	1971〜75	1976〜80
A	10.0	11.3	4.6	5.1
B	3.2	2.5	2.1	3.4
C	5.9	5.4	4.0	3.3
D	5.0	4.2	2.1	3.8
E	4.6	3.0	2.2	3.4

(朝日年鑑1985年)

問2 下のグラフは工業における大工場と中小工場を比較したものです。グラフの①〜③は出荷額，企業数，従業者数のどれかです。次の⑦・⑦にあたるものを番号で答えなさい。ただし，この場合，中小工場とは従業者数300人未満の会社です。

⑦ 出荷額　　⑦ 企業数

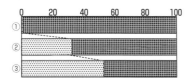

問3 次のグラフは日本の産業別の出荷額の割合を示したものです。グラフのA〜Eは食品，化学，せんい，金属，機械のどれかです。次の⑦・⑦にあたるものを記号で答えなさい。

考えるヒント

問1(1)　日本は，1960年代に工業がめざましく発達した。これを高度経済成長という。
(2)　1973年には，中東戦争の影響で石油危機がおこった。

(ア)　機械　　(イ)　せんい

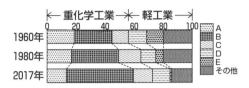

問4　下のグラフは3大工業地帯とその他の工業地域の工業製品の出荷額の割合と，それぞれの地域の全国比を表わしたものです。その他の工業地域とは北九州(福岡県)，京葉(千葉県)，関東内陸(栃木県，群馬県，埼玉県)，東海(静岡県)，瀬戸内(岡山県，広島県，山口県，香川県，愛媛県)を指します。次の(ア)・(イ)にあたるものを番号で答えなさい。ただし，東海工業地域は⑥のグラフです。また，A～Eは問3のグラフと同じ産業を示しています。

(ア)　中京工業地帯　　(イ)　瀬戸内工業地域

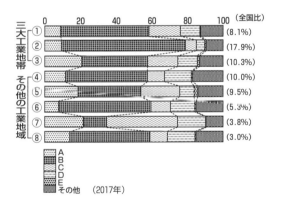

問5　近年，今までの工業地域からはなれ，きれいな空気や水に恵まれ，輸送に便利な空港や高速道路の近くに工場が建てられています。その工業の種類は何ですか。次から選び，記号で答えなさい。

(ア)　精密機械工業　　(イ)　電子工業
(ウ)　自動車工業　　(エ)　アルミニウム工業

晃華学園中・改題

問5　集積回路の生産は，おもに空港や高速道路の近くで行われている。

2 鉄鋼業に関する，以下の問いに答えなさい。

問1 以下は鉄ができるまでを示しています。(Ａ)(Ｂ)にあてはまる言葉を後から選び，記号で答えなさい。

> 製銑…鉄鉱石，(Ａ)，石灰石を高炉に入れ，鉄鉱石をとかして銑鉄をとる。
>
> ↓
>
> 製鋼…銑鉄をさらに炉の中に入れて鉄くずとともに熱して，鋼のかたまりをつくる。
>
> ↓
>
> (Ｂ)…鋼のかたまりをひきのばして，鋼管・条鋼・鋼板など，いろいろな形につくり，使いみちに応じた製品にする。

ア　ファインセラミックス　　イ　コークス
ウ　ボーキサイト　　エ　砂鉄　　オ　圧延
カ　製錬　　キ　製材　　ク　パルプ

問2 1トンの銑鉄をつくるためには，鉄鉱石が1.5〜1.7トン，石炭が0.8〜1.0トン必要だとされています。しかし，20世紀のはじめには，鉄鉱石が2トン，石炭が4トン必要とされていました。輸送費がもっとも安い場所に工場が建てられるとすれば，20世紀のはじめの製鉄所はどのような場所に建てられたと考えられますか，説明しなさい。

	1901年	1930年	1960年	1970年	1986年
石　炭	4.0	1.5	1.0	0.8	0.5
鉄鉱石	2.0	1.6	1.6	1.6	1.6

原料単位（ t ）

問3 次の地図は，現在の主な鉄鋼工場の分布(2019年7月現在)を示したものです。以下の問いに答えなさい。

(1) 地図中のＡ，Ｂに位置する都市名を答えなさい。

(2) 現在の鉄鋼工場の所在地に共通することはどんなことですか，地図をよくみて答えなさい。

(3) (2)のような場所に鉄鋼工場がつくられる理由を簡単に説明しなさい。

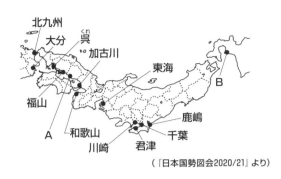

（『日本国勢図会2020/21』より）

森村学園中等部・改題

3　近年，不安定な中東情勢をうけて，石油の値段が上が
っています。わが国の産業にも欠かせない資源である石
油について，問いに答えなさい。

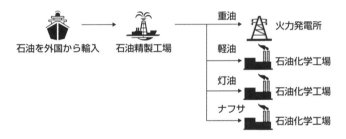

問1　上の図は石油に関係の深い工場がたがいにつなが
っている様子を示したものです。これらの工場群を
まとめて何といいますか。

問2　石油の大部分を日本は外国から輸入しています。
その時に使う船を次の中から１つ選んで，記号で答
えなさい。

問3　石油を燃料とするものに火力発電所があります。
火力発電所のある場所として正しい組み合わせを，
次の中から１つ選んで，記号で答えなさい。
あ　釧路　銚子　焼津　　い　柏崎　美浜　浜岡
う　鹿島　横須賀　市原　え　横浜　鈴鹿　苅田

問4　石油からはさまざまな製品がつくられます。次の
製品の中で，石油からつくられるものとして適当で

考えるヒント

問2　石油は液体であること
を考えるとよい。また石油を
運ぶ船のことをタンカーとい
う。

問3　問１で答えた「工場
群」の中に，火力発電所も建
設されることが多い。

問4　ガラスをつくる工業は
よう業である。

ないものを1つ選んで，記号で答えなさい。

あ　合成ゴム　　い　ガラス　　う　プラスチック
え　ペンキ

問5　わが国において，前のページの図のような工場群はどのようなところに分布しますか。またそのように分布する理由を説明しなさい。

問6　下のグラフは，わが国の発電量の割合をあらわしたものです。A〜Cの組み合わせとして正しいものを表の あ〜え の中から1つ選んで，記号で答えなさい。

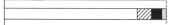

0%　10% 20% 30% 40% 50% 60% 70% 80% 90% 100%

□A ▨B ■C □ その他

（2018年，『日本国勢図会2020/21』より作成）

	A	B	C
あ	火力発電	原子力発電	水力発電
い	火力発電	水力発電	原子力発電
う	原子力発電	火力発電	水力発電
え	原子力発電	水力発電	火力発電

桜蔭中・改題

4　次の文を読み，問1〜問3に答えなさい。

　日本には，a四大工業地帯と，いくつかの工業地域があり，そのほとんどは関東から九州まで帯のように広がっています。この広い地域を（ A ）といいます。この地域の工業生産額は日本全体の約（ B ）をしめ，日本の工場の約3分の2が集中しています。これらの工場の中にも中小工場がたくさんありますが，b日本の工業生産において，中小工場は大きな役割をはたしています。

　最近，日本の工業では新しい動きがいくつかみられます。たとえば，c工業用ロボットをとり入れたり，d海外にもたくさんの工場を建設するようになってきました。また，eコンピューターなどの電子工業もさかんになってきています。

問1　（ A ）に入る正しいことばを書きなさい。

問2　（ B ）に入るものをア〜エから選びなさい。

考えるヒント

ア　3分の1　　イ　2分の1　　ウ　3分の2
エ　4分の3

問3　――a〜eについての問いに答えなさい。

a　グラフ1は，四大工業地帯と瀬戸内工業地域の
　生産額を示したものです。北九州工業地帯を，ア
　〜オから選びなさい。

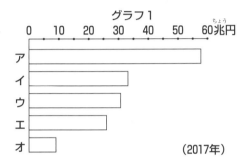

グラフ1

（2017年）

b　中小工場の中には，大工場からの注文を受けて，
　部品などを生産している工場があります。このよ
　うな工場をなんといいますか。

c　1　現在，ロボットの使用台数が最も多い国は
　　　どこですか。ア〜エから選びなさい。
　　　ア　アメリカ　　イ　イギリス
　　　ウ　ドイツ　　　エ　中国

　　2　ロボットで生産されるものがある一方，伝
　　　統的な方法で生産されているものもあります。
　　　その一つである有田焼について答えなさい。
　　（1）有田焼はなに県の焼き物ですか。ア〜ウ
　　　　から選びなさい。
　　　　ア　佐賀県　　イ　愛知県　　ウ　岐阜県
　　（2）有田焼について，まちがっているものを，
　　　　ア〜ウから一つ選びなさい。
　　　　ア　朝鮮半島から連れてこられた陶工の
　　　　　一人が，有田の山で白い陶石を発見した
　　　　　ことから，磁器の生産が始まった。
　　　　イ　酒井田柿右衛門たちのくふうで，赤絵
　　　　　の技術がつくりだされた。
　　　　ウ　美しい磁器なので，食器や工芸品の生
　　　　　産にかぎられ，タイルや電気用磁器の生

問3 a　北九州工業地帯の工
業生産額は，おもな工業地帯
や工業地域の中でもっとも少
なくなっている。

問3 c　1 日本は，産業用ロ
ボットの使用台数が世界第2
位(2018年)である。

産はしていない。

d　アメリカ合衆国に日本の自動車工場が建設されるようになった最も大きな理由を，ア～ウから一つ選びなさい。

ア　性能のよい自動車をつくるには，アメリカの部品が必要だから

イ　日本からの自動車の輸出が多すぎたので，アメリカで批判（ひはん）が高まったから

ウ　アメリカでは日本製の自動車がよく売れて，日本の工場での生産だけでは間（ま）にあわなくなったから

e　コンピューターに組みこまれているIC（集積（しゅうせき）回路（かいろ））を生産する工場の多くは，輸送に便利（べんり）なように高速道路や（　　）のそばに建設されています。（　　）に正しいことばを書きなさい。

フェリス女学院中・改題

5　次の日本の工業や貿易について説明した文章を読んで，問1～10に答えなさい。

　日本の産業革命は，19世紀末から20世紀初めに起こった。1930年代までの日本の工業の中心は，軽工業の繊維（せんい）工業だった。

　日本の重化学工業は，北九州の洞海湾（どうかいわん）に官営の八幡製（やはた）鉄所が1901（明治34）年に建設されてから始まった。第二次大戦後になると，大規模に海岸線を埋（う）め立てて港がつくられ，①海外から原材料が輸入され，②石油コンビナートや③製鉄所が建設された。

　1960年代以降，京浜（けいひん）・阪神（はんしん）・中京・北九州の④四大工業地帯（現在は三大工業地帯）以外にも，新たに⑤瀬戸内（せとうち）工業地域や，オートバイ・製紙・パルプなどで有名な　X　工業地域が発達した。こうして，九州から関東地方にかけて帯状の　Y　が形成された。また，高速道路の整備によって内陸にも⑥自動車や家電などの機械工業が発達した。

　現在，日本から輸出されている工業製品は，自動車・電子部品・精密機械・鉄鋼などである。その中でも⑦集

入試問題演習

考えるヒント

積回路（ＩＣ）や，コンピュータ・複写機など，すぐれた
技術を用いた製品の輸出が近年多くなってきた。一方，
石油・鉄鉱石などの燃料・原料のほか，衣類などの軽工
業製品，⑧穀物・魚介類などの⑨食料品の輸入が多くな
ってきている。

問1 文中の　 X 　・　 Y 　にあてはまる語句を入れな
さい。

問2 下線①について，次の表は現在の鉄鉱石・石炭・
石油の輸入先上位5カ国を示したものです。次の
(1)・(2)の問いに答えなさい。

《日本の原材料輸入先上位5カ国》 (2019年)

	1位	2位	3位	4位	5位
[1]	A	アラブ首長国連邦	カタール	クウェート	ロシア
[2]	B	ブラジル	カナダ	南アフリカ	アメリカ
[3]	オーストラリア	インドネシア	ロシア	アメリカ	カナダ

『日本国勢図会2020/21』

問2 石油の輸入先は中東の
国に集中している。

(1) 上の表の[1]〜[3]の原材料にあてはまる組み
合わせとして正しいものはどれですか。ア〜カか
ら1つ選び，記号で答えなさい。

	ア	イ	ウ	エ	オ	カ
[1]	鉄鉱石	石炭	石炭	鉄鉱石	石炭	石油
[2]	石炭	鉄鉱石	石炭	石油	石油	鉄鉱石
[3]	石油	石油	鉄鉱石	石炭	鉄鉱石	石炭

(2) 表の中のA・Bにあてはまる国名をア〜キから
それぞれ選び，記号で答えなさい。
ア　アメリカ合衆国　　イ　イラク
ウ　ベトナム　　　　　エ　サウジアラビア
オ　エジプト　　　　　カ　オーストラリア
キ　ドイツ

問3 下線②について，石油化学コンビナートが発達し
ている都市はどこですか。ア〜クの都市から2つ選
び，記号で答えなさい。
ア　青森　イ　市原　ウ　長崎　エ　四日市
オ　静岡　カ　仙台　キ　千葉　ク　室蘭

問3 石油化学コンビナート
は問1の　 Y 　でも答えた帯
状の地域に集中している。

問4 下線③について，鉄鋼一貫工場がある都市はこ
ですか。ア〜コの都市から4つ選び，さらに，それ

考えるヒント

ぞれの位置を地図中の①〜⑩の番号で答えなさい。

ア 東海（とうかい）　イ いわき　ウ 浜松（はままつ）　エ 君津（きみつ）
オ 豊田（とよた）　カ 倉敷（くらしき）（水島地区）　キ 福岡
ク 鹿嶋（かしま）　ケ 鈴鹿（すずか）　コ 日立（ひたち）

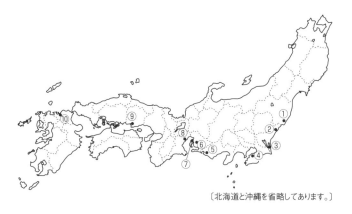

〔北海道と沖縄を省略してあります。〕

問4 鉄鋼一貫工場（てっこういっかん）とは，高炉（ろ）で銑鉄（せんてつ）をつくり，それを鋼（はがね）にして板などの鋼材（こうざい）にするまで，一貫して生産する工場のことである。

問5 下線④に関して，次の表は三大工業地帯の工業製品出荷額の構成割合（%）を示したものです。(1)阪神工業地帯，(2)京浜工業地帯，(3)中京工業地帯にあたるものを，ア〜ウから選び，記号で答えなさい。

《主な工業地帯の産業別出荷額割合》 （2017年）

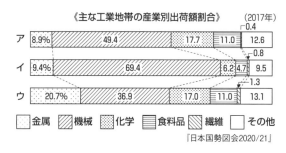

	金属	機械	化学	食料品	繊維	その他
ア	8.9%	49.4	17.7	11.0	0.4	12.6
イ	9.4%	69.4	6.2	4.7	0.8	9.5
ウ	20.7%	36.9	17.0	11.0	1.3	13.1

『日本国勢図会2020/21』

問5(1) 阪神工業地帯（はんしん）はかつては紡績業（ぼうせき）がさかんなことから東洋のマンチェスターともよばれた。そのため，現在でも三大工業地帯の中では比較（ひかく）的せんい工業の出荷額割合（しゅっか がくわりあい）が高い。

問6 下線⑤について，次の各文は瀬戸内工業地域内の都市を説明したものです。(1)〜(5)の都市名をア〜コからそれぞれ選び，記号で答えなさい。

(1) かつては製塩業がさかんであったが，今は塩田は埋めたてられ，造船業・石油化学工業が発達している。本州・四国間の連絡（らく）橋がかかっている。

(2) 旧海軍の軍港として発展したが，戦後は造船・鉄鋼・パルプなどの工業が発達してきた。

(3) かつて宇部（うべ）で産出されていた石炭と秋吉台（あきよしだい）の石灰岩をもとに，セメント工業が発達してきた。

(4) 太田川がつくった平野に位置する中国地方最大

の都市で，自動車工業・造船業・家具製造業などが発達している。

(5) 海峡に発達した港湾都市で，韓国のプサンとの間にフェリーが発着している。

ア　岡山	イ　岩国	ウ　尼崎
エ　坂出	オ　広島	カ　高松
キ　山陽小野田	ク　下関	ケ　呉
コ　松山		

問7 下線⑥の工業について，次の(1)・(2)の問いに答えなさい。

(1) 日本国内の自動車の生産台数は1990年代には減少しました。もっともふさわしい理由をア〜オから1つ選び，記号で答えなさい。

ア　中国の自動車生産台数が増えたので，日本の自動車は売れなくなってきたから。

イ　乗用車の輸出を減らし，バスやトラックの輸出に力を入れるようになったから。

ウ　世界各国に工場をつくり，現地の人々を雇い，部品も現地で作ったものを使用するようになったから。

エ　自動車の部品を外国から輸入するようになり，部品の調達に時間がかかるから。

オ　自動車工場の設備が古くなり，アメリカやドイツなどの自動車生産に追いつかなくなったから。

(2) 「環境にやさしい自動車」として正しいものをア〜オからすべて選び，記号で答えなさい。

ア　再利用しやすい材料や部品を使った自動車

イ　水素と酸素を使って走るハイブリッド車

ウ　車イスが何台も乗る車や，手だけで運転できる自動車

エ　前を走る車との距離を自動的に計る自動車

オ　太陽電池で走る自動車

問8 下線⑦の工場は，近年，東北地方にも多くなりました。どのようなところに多いか，ア〜オから1つ選び，記号で答えなさい。

問7(2)　ア〜オの自動車の中には「環境」のためでないものもある。

考えるヒント

ア　大量販売が可能な大都市中心部

イ　石油化学コンビナートのある沿岸部

ウ　海外から原料が得やすい大きな港の周辺

エ　高速道路の整備が進んだ地域

オ　銅が産出される山間部

問9　下線⑧について，日本が小麦を輸入している国を
ア～オから2つ選び，記号で答えなさい。

ア　ブラジル　　イ　オーストラリア

ウ　インド　　　エ　アメリカ合衆国

オ　イギリス

問10　下線⑨について，日本がしいたけを多く輸入して
いる国をア～オから1つ選び，記号で答えなさい。

ア　ベトナム　　イ　ロシア　　ウ　韓国

エ　タイ　　　　オ　中国

女子学院中・改題

6　九州の鉱工業について，(1)～(5)の問いに答えなさい。
答えはすべて記号で記しなさい。

(1)　下のア～エのグラフは，1963年と2017年の四大工業
地帯の産業別出荷額割合を表したものです。北九州工
業地帯はどれですか。ア～エから1つ選びなさい。

ア 0% 20% 40% 60% 80% 100%　　イ 0% 20% 40% 60% 80% 100%
1963　　　　　　　　　　　　　　1963
2017　　　　　　　　　　　　　　2017

ウ 0% 20% 40% 60% 80% 100%　　エ 0% 20% 40% 60% 80% 100%
1963　　　　　　　　　　　　　　1963
2017　　　　　　　　　　　　　　2017

⊠金属　⊞機械　⊘化学　⊠食料品　⊠繊維　□その他

『日本国勢図会2020/21』より作成

(2)　右の地図中の＊の記
号で示された場所には
同じ施設があります。
その施設を次のア～エ
から1つ選びなさい。

ア　原子力発電所

イ　石油備蓄基地

ウ　鉄鉱石の採掘所

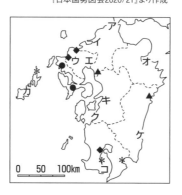

0　50　100km

(1)　北九州工業地帯は，現在
の北九州市の八幡（やはた）に建設され
た製鉄所を中心に発展した。

入試問題演習

エ　銅鉱石の精錬所

(3)　(2)の地図中の◆・●・▲で示された都市には，それ
ぞれに共通する代表的な工業があります。それは何で
すか。次のア～クから1つずつ選びなさい。

ア　鉄鋼　　　　イ　自動車　　ウ　造船
エ　化学　　　　オ　漆器　　　カ　繊維
キ　セメント　　ク　陶磁器

(4)　次の①～③の都市はそれぞれどこですか。前の地図
中のア～コから選びなさい。

①　1616年にこの地で陶石が発見され，はじめて磁器
が焼かれて以来焼き物がさかんになった。1640年代
に初代柿右衛門が有名な赤絵(色絵磁器)を生み出し
た。

②　1897年にこの地で製鉄所の建設がはじまり，中国
から輸入した鉄鉱石を原料に，1901年に高炉が操業
を開始した。

③　1950年代にこの地でいわゆる四大公害病のひとつ
が明らかになった。その原因は，市内の工場からの
工業廃水にふくまれていた有機水銀であった。

(5)　福岡県の三池炭田や筑豊炭田が1980年代までに閉山
した理由としてまちがっているものを，次のア～エか
ら1つ選びなさい。

ア　わが国でもエネルギー革命が進み，石炭の消費量
が減少したから。

イ　わが国よりも安い石炭をオーストラリアなどから
輸入できるようになったから。

ウ　わが国の経済の高度成長で石炭をほる人の賃金が
上がり，石炭が高くなったから。

エ　わが国の炭田では，石炭がほりつくされてしまっ
たから。

巣鴨中・改題

考えるヒント

(3)　◆の生産がさかんな都市
としては，有田や伊万里など
が有名である。

(5)　日本の石炭は地下深くに
埋蔵されており，オーストラ
リアなどと比べ，とり出すの
に時間とお金がかかる。その
ため資源をほりつくしたわけ
でなくても，輸入石炭にたよ
るようになっていった。

貿易・交通

貿易港で扱われる品目に目を向ける

■　下の表は日本の主な貿易港の主な輸入品についてのものです。次の問いに答えなさい。

(2019年)

港	金額(億円)	おもな輸入品の割合(%)
A	47,781	衣類15.0　肉類6.9　家庭用電気機器3.3　金属製品3.2　鉄鋼2.8
B	48,920	石油12.0　液化ガス4.5　アルミニウム3.5　衣類3.3　有機化合物3.0
C	114,913	衣類8.9　コンピュータ5.3　肉類4.6　魚介類4.5　音響・映像機器3.5
D	129,560	通信機13.7　医薬品12.3　コンピュータ8.8　集積回路8.4　科学光学機器6.4
E	50,849	液化ガス8.4　石油7.8　衣類7.1　絶縁電線・ケーブル5.1　アルミニウム4.5

問1　成田にあたるものを表中のA〜Eから選び，記号で答えなさい。

問2　わが国の石油輸入先上位2か国を答えなさい。

頌栄女子学院中・改題

解　説

　日本の主な貿易港は，成田，名古屋，東京，横浜，神戸などがあります。貿易港の多くは，工業地帯・地域の集中する太平洋ベルトにあります。

　各貿易港の輸出入品目には，その背後にある都市や工業地帯・地域の性格が反映されています。

主な港の貿易額(2019年)

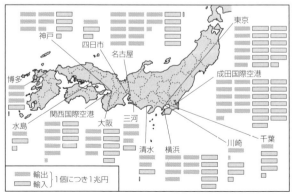

例えば，人口が多く食料消費量の多い東京や大阪の港では，食料品の輸入割合が高く，また，名古屋港では豊田市に近いため，豊田市で生産される自動車の輸出割合が高くなっています。

主な貿易港の輸出入品（2019年）（金額による%）

（『日本国勢図会2020/21』より）

貿易港	輸出入	品目
成田国際空港	輸出	半導体等製造装置8.1　科学光学機器6.2　金（非貨幣用）5.7　電気回路用品3.9　集積回路3.6
	輸入	通信機13.7　医薬品12.3　コンピュータ8.8　集積回路8.4　科学光学機器6.4
名古屋	輸出	自動車26.3　自動車部品16.7　内燃機関4.3　金属加工機械3.9　電気計測機器3.4
	輸入	液化ガス8.4　石油7.8　衣類7.1　絶縁電線・ケーブル5.1　アルミニウム4.5
東京	輸出	半導体等製造装置6.7　自動車部品6.5　コンピュータ部品5.4　内燃機関5.0　プラスチック4.2
	輸入	衣類8.9　コンピュータ5.3　肉類4.6　魚介類4.5　音響・映像機器3.5
横浜	輸出	自動車19.6　自動車部品4.5　内燃機関4.5　プラスチック4.0　金属加工機械3.2
	輸入	石油12.0　液化ガス4.5　アルミニウム3.5　衣類3.3　有機化合物3.0
関西国際空港	輸出	集積回路19.0　電気回路用品6.5　科学光学機器6.4　個別半導体6.2　半導体等製造装置4.8
	輸入	医薬品23.2　通信機14.2　集積回路6.2　科学光学機器4.8　衣類2.9
神戸	輸出	プラスチック6.3　建設・鉱山用機械5.6　内燃機関3.3　織物類3.1　自動車部品3.0
	輸入	たばこ6.8　衣類6.5　無機化合物4.2　有機化合物3.9　プラスチック3.1
大阪	輸出	集積回路9.3　コンデンサー8.2　プラスチック5.1　個別半導体3.8　電気回路用品3.3
	輸入	衣類15.0　肉類6.9　家庭用電気機器3.3　金属製品3.2　鉄鋼2.8
博多	輸出	集積回路28.3　自動車26.1　タイヤ・チューブ4.8　半導体等製造装置4.0　プラスチック2.7
	輸入	魚介類7.5　家具5.5　絶縁電線・ケーブル5.1　衣類5.1　肉類4.1
千葉	輸出	石油製品28.0　有機化合物17.4　鉄鋼15.7　自動車10.2　プラスチック6.9
	輸入	石油53.4　液化ガス17.4　自動車9.1　鉄鋼3.7　有機化合物2.8

解　答

問1　D
問2　（1位）　サウジアラビア　　（2位）　アラブ首長国連邦

入試問題演習

（☞ 解答は114ページ）

1 次の文章を読んで，下の問いに答えなさい。

世界全体の貿易額は第二次世界大戦後，大きく増えてきています。日本も工業製品をはじめ，さまざまなものを輸出入しながら経済成長を進めてきました。貿易について調べる時には，ⓐ貿易品目やⓑ貿易相手国の変化にも注目していくと，さらに多くのことがわかります。たとえば，貿易品目の移り変わりをみると，日本の工業がどのように変化してきたかを考えることができます。

世界の貿易がさかんになるのは，よいことばかりのように見えるかも知れません。しかし実際は，先進国と発展途上国との経済的な差が縮まらないなど，さまざまな問題も残っています。ⓒ世界の貿易のルールづくりにあたっては，いろいろな意見があります。

問1 下線部ⓐについて，次のア～エの表は，2019年における成田国際空港，横浜港，清水港，東京港，いずれかの港別の主要貿易品目と取引額を示したものです。この中で，成田国際空港と清水港を示す表をそれぞれ選び，記号で答えなさい。

問1 清水港のある静岡県には，オートバイの生産がさかんなことで知られている都市がある。

ア

輸出品目	百万円	輸入品目	百万円
内燃機関	231,401	魚介類	165,278
自動車部品	181,698	液化ガス	71,319
二輪自動車	118,717	有機化合物	37,918
科学光学機器	101,906	プラスチック	34,423
電気回路用品	64,934	パルプ	33,164
輸出総額	1,823,906	輸入総額	1,022,045

イ

輸出品目	百万円	輸入品目	百万円
半導体等製造装置	389,201	衣類	1,027,166
自動車部品	379,228	コンピュータ	610,060
コンピュータ部品	315,962	肉類	533,577
内燃機関	291,701	魚介類	521,034
プラスチック	245,106	音響・映像機器	398,580
輸出総額	5,823,726	輸入総額	11,491,331

ウ

輸出品目	百万円	輸入品目	百万円
自動車	1,358,348	石油	585,063
自動車部品	313,868	液化ガス	217,980
内燃機関	309,180	アルミニウム	169,151
プラスチック	278,062	衣類	161,430
金属加工機械	223,443	有機化合物	145,637
輸出総額	6,946,128	輸入総額	4,891,967

エ

輸出品目	百万円	輸入品目	百万円
半導体等製造装置	851,453	通信機	1,771,868
科学光学機器	654,304	医薬品	1,587,442
金(非貨幣用)	600,674	コンピュータ	1,139,125
電気回路用品	414,444	集積回路	1,086,778
集積回路	382,249	科学光学機器	831,577
輸出総額	10,525,596	輸入総額	12,956,021

『日本国勢図会2020/21』などより作成

入試問題演習

問2 下線部◌について，2019年度の貿易統計における日本の最大の貿易相手国の名前を書きなさい。

問3 下線部◌について，最近では，発展途上国から商品を買うときに，安くしすぎず，公正な値段で買い取ろうという取り引きのしかたも考えられています。このような取り引きのしかたのことを何と呼んでいますか。カタカナで答えなさい。

横浜雙葉中・改題

問3 ふつう，貿易をおこなうときには安く買って高く売るということが原則となるが，この貿易ではそういった利益だけを追求せず，発展途上国の現地生産者の生活を支援するため，適正な賃金を払い，環境保護などにも配慮して交易をおこなう。

2 日本の貿易に関する(1)～(6)の問いに答えなさい。答えはすべて記号で記しなさい（表はすべて『日本国勢図会』2020/21より作成）。

(1) 次の表はロシア・中国・タイ3国からの輸入品上位5品目をあらわしています。①・②・③はどの国ですか。正しい組み合わせを下のア～カから1つ選びなさい。

①		②		③	
機 械 類	47.0%	原 油	27.9%	機 械 類	39.2%
衣 類	9.7	液化天然ガス	21.6	肉 類	8.0
金 属 製 品	3.7	石 炭	16.0	プラスチック	4.2
家 具	2.5	パラジウム	7.8	[X]	3.9
が ん 具	2.1	[X]	7.8	自動車部品	3.7

ア ①ロシア・②中国・③タイ

イ ①ロシア・②タイ・③中国

ウ ①中国・②ロシア・③タイ

エ ①中国・②タイ・③ロシア

オ ①タイ・②ロシア・③中国

カ ①タイ・②中国・③ロシア

(2) 上の表中の[X]には同じ品目が入ります。その品目を次のア～オから1つ選びなさい。

ア 魚介類　　　イ 小麦　　ウ 鉄鋼

エ とうもろこし　　オ 皮革

(3) 次の表は肉類・木材・大豆の輸入相手国上位4カ国をあらわしています。[Y]には同じ国名が入ります。その国名を次のア～オから1つ選びなさい。

肉 類		木 材		大 豆	
アメリカ	25.8%	[Y]	24.0%	アメリカ	70.6%
オーストラリア	14.3	アメリカ	17.5	ブラジル	14.0
タ イ	14.3	ロ シ ア	14.2	[Y]	13.7
[Y]	10.4	フィンランド	8.1	中 国	1.5

考えるヒント

　　ア　フランス　　イ　フィリピン
　　ウ　アルゼンチン　　エ　ケニア　　オ　カナダ

(4)　次のア～オの文は日本とアメリカの貿易について述べたものです。これらを古い順に並べたとき，3番目と4番目にくるものを答えなさい。

　　ア　アメリカでは，燃費がよく故障の少ない日本の小型車に人気が出てきた。

　　イ　農産物について日本の市場開放がすすみ，牛肉やオレンジの輸入が自由化された。

　　ウ　日本の鉄鋼業が発達し輸出が増えたので，アメリカの鉄鋼業に打撃をあたえた。

　　エ　アメリカは日本に対する経済制裁として石油の輸出を禁止した。

　　オ　日本から綿製品の輸出が増え，いわゆる「ワンダラー・ブラウス事件」がおきた。

(5)　現在，世界の貿易の自由化を進めている国際機関の略称(りゃくしょう)として正しいものを，次のア～オから1つ選びなさい。

　　ア　GATT　　イ　UNCTAD
　　ウ　UNESCO　　エ　WHO　　オ　WTO

(6)　1970年代以降急速に工業化が進み，日本との貿易も拡大した韓国や台湾，香港，シンガポールなどはまとめて何とよばれていますか。次のア～オから1つ選びなさい。

　　ア　AFTA　　イ　APEC　　ウ　ASEAN
　　エ　NIES　　オ　OPEC

巣鴨中・改題

3　わたしたちの生活は，世界の国々との結びつきによって支えられています。中でも資源の少ないわが国では，外国との貿易が特に重要です。わが国の貿易に関して，あとの問いに答えなさい。(統計は『日本国勢図会2020/21』による)

問1　日本は原料や燃料の多くを海外から輸入し，それらを使ってつくった製品を輸出してきました。この

3　日本は，明治時代以後，鉱山の開発には大きな力を注いできたが，その埋蔵量(まいぞう)は一部をのぞききわめて少なく，資源小国といわれる。そのため貿易によって資源を補って(おぎな)ゆくことが必要だ。このために，日本は国内で生産した製品の多くを輸出に回している。これは輸出をすることによって外貨をかせぎ，そのお金で資源(しげん)などの国内で不足するものを輸入するためである。

ような貿易を何といいますか。

問2 下の円グラフは，日本の主な輸出品と輸入品を表したものです。Cは何を表していますか。（単位は%）

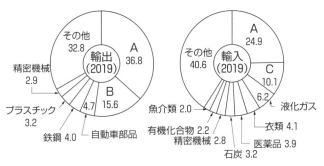

問3 下の帯グラフは，日本の主な輸入品の輸入先を表したものです。空欄は同じ国です。その国名を書きなさい。

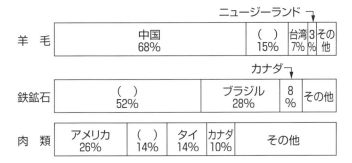

問4 急激な円高は，貿易にさまざまな影響を与えます。
  a．1ドル＝120円から，円の価値が25%高くなったとすると，1ドルはいくらになりますか。
  b．1ドル＝150円のとき，日本の自動車会社が1台2万ドルの乗用車をアメリカ合衆国に輸出していたとします。1ドル＝100円になっても同じ利益をあげるためには，乗用車の価格を何ドル値上げしなければなりませんか。

問5 日本の主な貿易港（空港を含む）の貿易額上位5ヶ所のうち，最も東にあるのはどこですか。その都市名を書きなさい。

考えるヒント

問4 a　ここでは，今までなら，1ドル(120円)でアメリカ合衆国産のリボンが1m買えたと仮定する。今，円の価値が25%上がったのだから，同じ120円でも今度は1.25m買えることになる。では，1mだけ買うとするならどうなるだろう。120÷1.25の式で96円となる。よって，1mのリボンを買うには，ドルなら1ドルであるのに，円なら96円ですむことになると導ける。
b　また，1ドル150円のとき1台2万ドルの自動車を売れば，300万円の売り上げとなる。今，1ドルが100円となったので，今度は1台3万ドルで売らなくてはならない。よって1万ドルの値上げとなる。

問6 ある国の貿易において，輸入額よりも輸出額の方が多いときは貿易黒字，逆に輸入額の方が多いときは貿易赤字と言います。

　a．日本に対して貿易黒字になっている国はどこですか。

　　ア．シンガポール　　　イ．イギリス
　　ウ．サウジアラビア　　エ．タイ

　b．日本に対して貿易赤字になっている国はどこですか。

　　ア．オーストラリア　　イ．中国
　　ウ．ブラジル　　　　　エ．アメリカ

　　　　　　　　　　　　　　横浜共立学園中・改題

4 次の(1)・(2)の問いに答えなさい。

(1) 貿易品の大部分は船舶による海上輸送によって運ばれ，輸入では原油や鉄鉱石などが，輸出では機械類や自動車などが船によって運ばれています。

① 日本は原油をどの国から輸入していますか。輸入額の多い国の国名を下のア～オから１つ選び，記号で答えなさい。

② 日本は鉄鉱石をどの国から輸入していますか。輸入額の多い国の国名を下のア～オから１つ選び，記号で答えなさい。

③ 日本の自動車はどの国へ輸出されていますか。輸出額の多い国の国名を下のア～オから１つ選び，記号で答えなさい。

　ア　大韓民国　　イ　サウジアラビア　　ウ　中国
　エ　アメリカ　　　オ　オーストラリア

(2) 成田国際空港は，別名「成田漁港」とも呼ばれています。なぜ，このように呼ばれるのか，航空貨物の特色を含めて説明しなさい。

　　　　　　　　　　　　　東京学芸大学附属世田谷中

考えるヒント

(2) 航空機を利用する最大の利点は速いこと，また，漁業にとって一番大切なことはいかに新鮮さを保つことができるかである。これらの条件を組み合せて説明してゆく。

入試問題演習

5 日本の交通について文章やあとの地図を参考にしてそ
れぞれの問いに答えなさい。

　人や物を運ぶ交通の発達は，産業の発展になくてはな
らないものです。四方を海に囲まれた日本が海外と強く
結びつくためには，海と空の交通は欠かすことができま
せん。

　船を利用して物を輸送することには，時間がかかるとい
いう短所がありますが，□□□□という長所があります。
日本は戦前から世界有数の海運国なので，①各地に港が
発達し，貿易もさかんに行われています。

　日本で空の交通が本格化したのは，戦後の（ あ ）期か
らです。②高価で小型・軽量の工業製品や，早く運ばな
ければならない商品の輸送に，航空機は利用されており，
近年，③貿易額も伸びてきています。航空輸送の増加に
よって，大都市圏の空港はとても混雑するようになりま
した。これに対応するために，大都市圏の空港では滑走
路を増設し，飛行機の発着回数を増やすなど，（ い ）空
港としての機能を強化したり，新しい国際空港を建設し
たりしています。

問1　□□□□に適する内容を答えなさい。

問2　下線①について，

　　1)　自動車の貿易がもっともさかんな地域を，地図
　　　　中のA〜Fから1つ選んで，記号で答えなさい。

　　2)　水産業がもっともさかんな地域を，地図中のA
　　　　〜Fから1つ選んで，記号で答えなさい。

　　3)　砂丘だったところを人工的に掘り込んでつくっ
　　　　た，石油化学コンビナートや鉄鋼の工場が多い地
　　　　域にある港を，地図中の㋐〜㋜から1つ選んで，
　　　　記号で答えなさい。

　　4)　原油の産出量が多い国々が集中している中東の
　　　　湾の名前を答えなさい。

問3　（ あ ）に適する語を漢字で答えなさい。

問4　下線②の具体例を1つ答えなさい。

問5　下線③について，

　　1)　日本の港や空港の中でもっとも貿易額が大きい
　　　　ものを，地図中の㋐〜㋜から1つ選んで，記号で

問2　中京工業地帯は，日
本の中でも特に自動車の生産
がさかんな工業地帯として知
られている。

答えなさい。

2) 地図中の㋚の空港は，1994年に沖合の人工島に開港しました。このことによるこの空港の長所を説明しなさい。

問6 （ い ）に適する語を答えなさい。

（地図）　日本のおもな港や空港

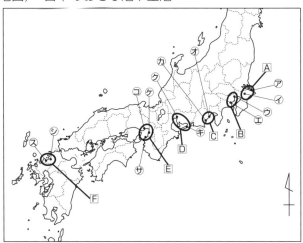

立教池袋中

問5　2)　この空港は沖合（おきあい）にあり，住宅街とは離（はな）れた位置にある。また，航空機では人だけでなく大量の貨物も輸送される。この点をふまえて，長所を考えてもらいたい。

6　次の資料を見て，あとの問いに答えなさい。

資料1　日本国内の貨物輸送の割合
（※トンキロ…貨物1トンを1km運んだ単位）

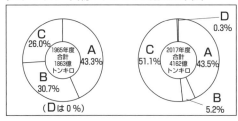

日本国内の旅客（りょかく）輸送の割合
（※人キロ…旅客1人を1km運んだ単位）

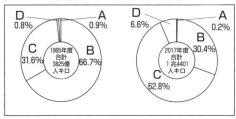

『日本国勢図会2020/21』より作成

※四捨五入の関係で内訳の合計は100にならない場合がある。

入試問題演習

資料2　貨物を輸送するときの各交通機関の長所と短所

交通機関の名	長　所	短　所
A	・大量の貨物を輸送可能 ・輸送費用が安い	・輸送に時間がかかる ・港の設備が必要
B	・大量の貨物や旅客を輸送可能 ・運行時間が正確	・レールやトンネルなどを 　つくるのに費用がかかる
C	・戸口から戸口まで輸送可能 ・道路さえあれば輸送可能	ア
D	・長距離を短時間で輸送可能	・輸送費用が高い ・重い物や大きな物の輸送に向かない

(1) グラフ(資料1)や表(資料2)のA・B・C・Dにあてはまる交通機関のなまえを下から選んで答えなさい。

> 鉄道　　飛行機　　船　　自動車

(2) 1965年度と2017年度のグラフ(資料1)を比べて、貨物輸送と旅客輸送の両方のグラフに共通する一番大きな変化を答えなさい。

　　ただし、交通機関のなまえは、記号ではなく、(1)で答えたものを使って答えなさい。

(3) 表(資料2)の空欄 ア には、Cの交通機関で輸送するときの短所が入ります。他の交通機関を参考にして、その短所を1つ答えなさい。

法政大学中・改題

(2)　グラフにあるA～Dのそれぞれの割合の移り変わりを読み取り、特にどの割合が減ったのか、かわりにどの割合が増えたのかという点に着目してもらいたい。

日本の自然

断面図からも地形の特色をつかむ

■　次の㋐〜㋑は，日本の各地のおおよその断面図を表しています。また，文章は断面図上にある都市（★印）を説明しています。断面図と文章に関する後の各問いに答えなさい。

単位：千m

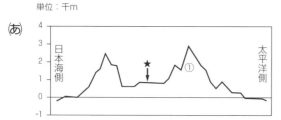

㋐　この都市は，かつては製糸工業が盛んでしたが，現在では時計・カメラなどの精密機械工業が発達しています。

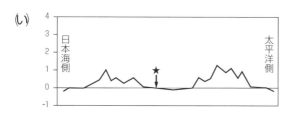

㋑　この都市には原子爆弾が投下され，たくさんの死傷者が出ました。
　現在では非核平和都市として，人口も100万をこえる都市となりました。

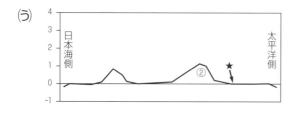

㋒　この都市は，1960（昭和35）年ごろから，石油化学工場の排煙によるぜんそくが大きな問題となりました。
　裁判の結果，工場がばいしょう金をはらうことになりました。

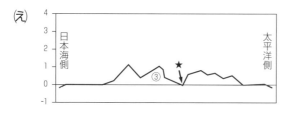

㋓　この都市には，高速道路や新幹線が開通してから首都圏から多くの工場が進出し，工業開発も急速に進んでいます。

問1　あ〜えは地図中1〜7のどれにあたりますか。その番号を答えなさい。また、それぞれの都市名を漢字で答えなさい。

問2　あ〜えの中の①〜③の山地・山脈名を次より選んで、その番号を答えなさい。

1	越後山脈	2	北見山地
3	鈴鹿山脈	4	九州山地
5	赤石山脈	6	奥羽山脈
7	中国山地	8	飛驒山脈

神奈川大学附属中

 解　説

　ふだん見なれた日本列島の地図だけでなく、こうした断面図からも日本の地形の特色をつかめるようにしておく、ことが必要です。

　この問題では、都市を説明した文章からもその位置が判断できるようになっていますが、断面図の特色からもその位置を考えてみてください。

　あの断面図を読みとるポイントは、山地の高さです。3000m級の山が連なるのは、日本アルプスです。いの断面図を読みとるポイントは、図の中央部にある0m以下の部分です。0m以下ということは、海か湖になります。うの断面図を読みとるポイントは、中央の低地（平野）と海側の山地になります。えの断面図を読みとるポイントは、日本海側のほうが太平洋側よりも低地（平野）が広いという点と、2つならんだ山地です。

解　答

問1　あ　4・岡谷市（諏訪市）　　い　6・広島市　　う　5・四日市市
　　え　2・一関市
問2　①　5　　②　3　　③　6

考えるヒント

1　下の表のA～Iは，9県の県章（県旗），県花，県鳥，県木をまとめたものです。これを見て，あとの問いに答えなさい。

	県章	県花	県鳥	県木
A		リンゴノハナ	ハクチョウ	a
B		ナラノヤエザクラ	コマドリ	b
C		チューリップ	トキ	ユキツバキ
D		オリーブ	ホトトギス	オリーブ
E		ウメ	メジロ	ウバメガシ
F		ベニバナ	オシドリ	サクランボ
G		ミヤマキリシマ	ルリカケス	カイコウズ，クス
H		ウメ	ウグイス	ツツジ
I		クロユリ	イヌワシ	アテ

問1　Aの県木aは，天然の三大美林に数えられます。また，人工の三大美林の一つであるBの県木bは，Eへと続いて流れる川で下流へと運ばれます。AとBの県木の正しい組み合わせはどれですか。
ア　a－ブナ　　　b－ケヤキ
イ　a－マツ　　　b－ヒノキ
ウ　a－ヒバ　　　b－スギ
エ　a－シラカバ　b－ナラ

問2　Cの県鳥は，この県のある島で飼育されていることで有名です。その島を答えなさい。

問3　Dの県花と県木は，ここの気候が栽培に向いているので小豆島などで多く栽培されています。ここの気候名を答えなさい。

問4　Eは県魚をマグロとしています。Eの沿岸を流れる海流にのってマグロが回遊するからですが，この海流名を答えなさい。

問5　Fでは県木の果物のほかに，全国第1位の生産量をあげている果物があります。その果物はどれですか。

問4　日本の太平洋側を流れる暖流は日本海流（黒潮），寒流は千島海流（親潮）である。

問5　ブドウとモモの生産量1位は山梨県，クリの生産量1位は茨城県である。

考えるヒント

　　ア　ブドウ　　イ　西洋ナシ　　ウ　モモ
　　エ　クリ

問6　Gの県花は，この県にある霧島山(きり)に多く見られます。この山と同じ霧島火山帯に含まれるものはどれですか。
　　ア　大山(だいせん)　　イ　穂高岳(ほたか)　　ウ　阿蘇山
　　エ　雲仙岳(うんぜんだけ)

問7　Hの県花は，この県にある太宰府天満宮(だざい)のウメにちなんで定められました。この県に面していないものはどれですか。
　　ア　玄界灘(げんかいなだ)　　イ　周防灘(すおう)　　ウ　有明海
　　エ　八代海(やつしろ)

問7　太宰府天満宮(だざい ふ てんまんぐう)は福岡県にある。

問8　県庁所在地名が県名と異なるのは，Ｉとどれですか。記号で答えなさい。

問9　Ｉの県にある半島はどれですか。
　　ア　能登半島　　イ　佐田岬半島(さ だ みさき)
　　ウ　房総半島　　エ　国東半島(くにさき)

問10　陸続きで隣(とな)り合っているのは，ＢとＥの他にどの組み合わせがありますか。記号で答えなさい。

横浜共立学園中

② あとの地図は，1都10県の都県境と海岸線をともに点線で表したものです。これを見て下の問いに答えなさい。
　1　緯線Ｘと経線Ｙの交点としてふさわしい緯度経度(い)を，次のア～エから一つ選んで記号で答えなさい。
　　ア　北緯31度，東経132度
　　イ　北緯34度，東経134度
　　ウ　北緯36度，東経138度
　　エ　北緯38度，東経140度

1　兵庫県明石市(あかし)に東経135度の経線が通っていることや，新潟県の佐渡島(さ ど)に北緯38度(ほくい)の緯線が通っていることをもと(い せん)にして考える。

　2　緯線Ｘが通っていない国を次のア～エから一つ選んで記号で答えなさい。
　　ア　ドイツ　　イ　中国　　ウ　アメリカ合衆国
　　エ　イラク
　3　地図中の点線のうち，海岸線を鉛筆(えんぴつ)で太くなぞりなさい。
　4　次のア～オの説明に最もふさわしい地域を，地図中

の1～12からそれぞれ一つ選んで数字で答えなさい。

ア　日本で最も長い川の流域にあり，門前町から発達した都市がある。

イ　ミズバショウで知られた湿原があり，2005年「ラムサール条約湿地」に登録された。

ウ　湖の周りには平地が広がり，多くの精密機械や電子機器の工場が見られる。

エ　山間の谷に合掌造りの家々が見られる。冬の積雪もかなり多い。

オ　盆地の南にある山から石灰石が産出され，これを原料としたセメント工業が発達している。

5　次のア～ウは，地図中のA～Jの10県について，ある特色を持つ県をすべて書き出したものです。その特色をあとの**あ**～**く**からそれぞれ一つ選んで記号で答えなさい。

ア　E，F

イ　G，H，I，J

ウ　A，B，C，D，E，F，H，I，J

あ　県の人口が50万人を超える。

い　関東ローム層が広がる。

う　標高3000m以上の山がある。

え　人口100万人以上の都市がある。

お　大規模な製鉄所がある。

か　新幹線の駅がある。

き　大規模な自動車組み立て工場がある。

く　原子力発電所がある。

4　「最も長い川」・「精密機械」・「合掌造り」といった用語がどの都道府県の特色をあらわしているか考えることが大切である。

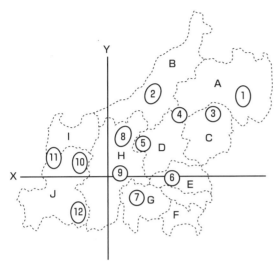

慶應義塾普通部・改題

農林水産業

例　題　食料自給率から日本の農業を考える

■　次の表は，日本の主な食料の自給率(%)の移り変わりを調べたものです。この表をもとにして，問題に答えなさい。

	1960年	1970年	1980年	1990年	2000年	2010年	2018年
米	102	106	100	100	95	97	97
①	100	99	97	91	81	81	77
②	100	84	81	63	44	38	38
③	28	4	4	5	5	6	6
小麦	39	9	10	15	11	9	12
牛肉	96	90	72	51	34	42	36

農林水産省『食料需給表』による

問1　①・②・③に入る食料の正しい組み合わせをア～オから選びなさい。

　　ア　①－果物(くだもの)　②－大豆　③－野菜

　　イ　①－果物　②－野菜　③－大豆

　　ウ　①－大豆　②－果物　③－野菜

　　エ　①－野菜　②－果物　③－大豆

　　オ　①－野菜　②－大豆　③－果物

問2　表を見ると，牛肉の自給率が下がってきているのがわかります。その理由をア～エから１つ選びなさい。

　　ア　魚を食べる人が増えて，牛肉をあまり食べなくなってきたから。

　　イ　えさを手に入れることが難しくなり，牛を育てられなくなったから。

　　ウ　外国からの要求で輸入の自由化が進み，輸入される牛肉が増えたから。

　　エ　豊かな人が増えて，値段が高い外国の牛肉も買えるようになってきたから。

問3　表を見ると，小麦の自給率が低いことがわかります。次のグラフは，日本が輸入している小麦の国別輸入量を調べたものですが，[　　　]に入る国を，ア～エから選びなさい。

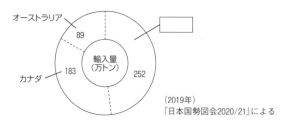

（2019年）
『日本国勢図会2020/21』による

　　ア　アメリカ合衆国(がっしゅうこく)

　　イ　ロシア

　　ウ　韓国(かんこく)

　　エ　中国(ちゅうごく)

問4 次の食事のこんだての中で，主に国内で生産されている農産物から作られているものを，ア～オから2つ選びなさい。

ア トースト　　　イ ヨーグルト　　ウ 目玉焼き

エ コーンスープ　オ みそ汁

問5 最近日本では農産物の輸入が増え，食料の自給率が低下しています。これについて，問題に答えなさい。

(1) 農産物の輸入が増えることは，消費者である私たちにとって，どのような良い点があるか答えなさい。

(2) 農産物の輸入が増えると，いろいろな問題も起こってきます。それらについて，説明しなさい。

栄光学園中・改題

解　説　

　1年間に消費される食料品の量に対する，国内で生産される量の割合を**食料自給率**といい，逆に輸入にたよる量の割合を輸入依存率といいます。現在，日本で自給できるものは米だけで，比較的自給率が高いものとしても卵，野菜，牛乳・乳製品ぐらいしかありません。パンの原料となる小麦や，みそやとうふなどの原料となる大豆の自給率はかなり低く，家畜の飼料として重要なとうもろこしにいたっては100％輸入にたよっています。

　食料自給率が低い日本は，大量の農産物を外国から輸入しています。特に**アメリカ合衆国**からは小麦やとうもろこし，肉類など多くの農産物を輸入しています。

解　答

問1 エ　問2 ウ　問3 ア　問4 イ・ウ

問5 (1)手に入れられる農産物の種類が増えると同時に，産地間の競争が活発になり，価格も安くなる。(2)日本の農業は外国と比べ価格競争力が弱いので，外国の安い農産物の輸入が増えると，値段の高い日本の農産物は売れなくなり，農業を続けられなくなる農家が出てくる。また，農産物を輸入する割合が高まると，輸入先の国内事情や天候によって，農産物の価格が不安定になったり，必要な食料を確保できなくなるおそれも出てくる。

① 日本は先進国の中でも食料自給率の低い国で、近年さらに減少が続いています。以下は1970年から2018年まで、食料の自給率の移り変わりを表したものです。これを見て、各問に答えなさい。

単位(%)

	1970年	1980年	1990年	2000年	2010年	2018年
米	106	100	100	95	97	97
小麦	9	10	15	11	9	12
野菜	99	97	91	82	81	77
肉類	89	81	70	52	56	51
A	97	98	98	95	96	96

問1 他に比べて米が高い自給率を保っているのは、なぜだと考えられますか。次のア～エの文から正しいものを1つ選び、その記号を答えなさい。

ア 米は日本人の主食なので、必ず国産のものを食べるように義務づけられているし、国産の方が日本人の味覚にあっているから。

イ 長い間、稲作農家は法律によって保護された上、いまも特別な場合を除いて外国から米の輸入はしていないので。

ウ 他の作物に比べて米の栽培技術が最も発達しているので、米を栽培する農家が多いから。

エ 外国産の米に関税をかけることによって国産米を保護しているので。

問2 この表で最も自給率の低い小麦は、主にどの国から輸入していますか。次のア～エから1つ選び、その記号を答えなさい。

ア オーストラリア　　イ アメリカ
ウ カナダ　　　　　　エ 中国

問3 この表中のAにあてはまるものを次のア～エから1つ選び、その記号を答えなさい。

ア 豆類　　イ 乳製品　　ウ 果物　　エ 鶏卵

問4 日本の農業は栽培技術は優れているのに、外国に比べ耕地面積が狭い等の多くの問題点をかかえています。他にもどのような問題点があるでしょうか。以下の2つの資料から考えられる問題点を答えなさい。

考えるヒント

問1 日本には、長い間、食糧管理制度があって稲作は保護されてきた。しかし、現在、米の輸入は認められている。

問3 選択肢の農産物のうち、自給率が比較的高いのは、乳製品と鶏卵であるが、より高いのはどちらか考えてみよう。

入試問題演習

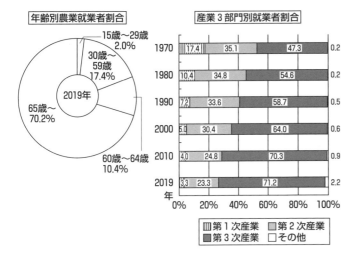

年齢別農業就業者割合
2019年
15歳～29歳 2.0%
30歳～59歳 17.4%
65歳～ 70.2%
60歳～64歳 10.4%

産業3部門別就業者割合

年	第1次産業	第2次産業	第3次産業	その他
1970	17.4	35.1	47.3	0.2
1980	10.4	34.8	54.6	0.2
1990	7.2	33.6	58.7	0.5
2000	5.0	30.4	64.0	0.6
2010	4.0	24.8	70.3	0.9
2019	3.3	23.3	71.2	2.2

■第1次産業　■第2次産業
■第3次産業　□その他

カリタス女子中・改題

② 次の文を読んで，以下の問いに答えなさい。

　米は，国民の主食である「ごはん」として重要な地位を占めています。近年，米の1人当たりの消費量も減ってきていて，(1)平成30年度の全国の農業総産出額に占める米の割合は19%です。都道府県別に米の生産額をみると新潟県が最も多く，次いで北海道，秋田県，山形県，宮城県の順（2019年産）になっています。東北地方は，米の生産額上位5つの中に3つ入っているように，米作りのさかんな地方といえます。東北地方のなかでも，秋田県は米の生産量がいちばん多く，作られている米の品種は「(2)あきたこまち」がほとんどです。米作りのさかんなところとして，(3)横手盆地が有名です。この地域を例にして，米作りの流れを図1にあらわしてみました。

図1

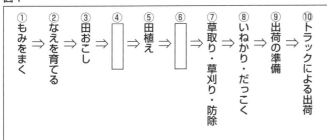

①もみをまく → ②なえを育てる → ③田おこし → ④□ → ⑤田植え → ⑥□ → ⑦草取り・草刈り・防除 → ⑧いねかり・だっこく → ⑨出荷の準備 → ⑩トラックによる出荷

考えるヒント

問4　年齢別農業就業者割合のグラフからは，高齢化が読み取れる。産業3部門別就業者割合のグラフからは，農業が属す第1次産業人口の割合が5%以下になっていることが読み取れる。

問1　下線部(1)について，下の円グラフのA～Cは畜産，果実，野菜のいずれかにあたります。正しい組み合わせを，ア～カの中から1つ選び，記号で答えなさい。

	A	B	C
ア	畜産	果実	野菜
イ	畜産	野菜	果実
ウ	果実	野菜	畜産
エ	果実	畜産	野菜
オ	野菜	畜産	果実
カ	野菜	果実	畜産

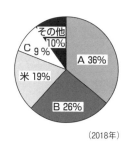

その他 10%
A 36%
B 26%
米 19%
C 9%

(2018年)

問2　下線部(2)は，1984年に秋田県の土地に合い，寒さに強くて生長が早く，味もよい品種としてつくられました。下の図の空欄に当てはまる品種名を答えなさい。

農林22号 ┐
農林1号 ┘ ─┐
　　　　　　├─ あきたこまち
ＰＩ　No. 4 ─┐奥羽292号 ─┘
サンブク，大系437 ┘

問3　下線部(3)について，次の[1]・[2]に答えなさい。

[1]　横手盆地の位置を右の白地図に，凡例：◯のように書きこみなさい。

[2]　この地域では，いろいろな形をした小さな田を長方形につくりかえ，大型機械での作業をよりしやすくしてきました。このように長方形にととのえることを何といいますか。

問4　図1について，次の[1]～[4]に答えなさい。

[1]　「①もみをまく」前に種もみの準備をしますが，どのようにして，中身のつまったよい種もみを選びますか。

[2]　④　　　　　　は，田に水をいれ，土の表面を平らにし，水の深さをそろえる作業です。この作

98

入試問題演習

業を何といいますか。

[3] ⑥_____は，土の中の養分をよくすいとり，強いしっかりとした根をはらせるためにする作業です。この作業を何といいますか。

[4] 「⑧いねかり・だっこく」のあと，米はもみのままコンピューターで温度と湿度を一定に保たれた施設に保管されます。この施設を何といいますか。

問5 日本の米作りはたくさんの問題をかかえていますが，それらを解決するために，どのようなことをしていますか。ア～エのうちから，当てはまらないものを1つ選び，記号で答えなさい。

ア 安全性の面から，肥料に化学肥料をいっさい使わず，豚などのたい肥をつかっている。

イ あいがもに水田の害虫や雑草を食べさせて，そのふんを肥料にする「あいがも農法」を行っている。

ウ いくつかの農家が，共同で会社をつくり，インターネットなどで米の直接販売を行っている。

エ ねだんの安い外国産の米に対して，大型機械を導入し，大量生産することで，より安い米をつくろうと努力している。

芝中・改題

考えるヒント

[3] 農家は，稲の穂が出る前の6月から7月にかけて田の水を抜いて土を1週間ほど乾かす。

問5 日本の農業は，大規模にできないことが大きなネックになっている。

99

鉱工業

例題 環境問題にも目を向ける
<small>かん　きょう</small>

■　次の文章を読み，以下の各問いに答えなさい。

世界の国々はいろいろな面で強く結びついています。国内の産業も諸外国との関係で大きく変わっていくことがあります。日本の_A工業などがその例です。最近，環境の破壊が問題となっていますが，地球上のある場所で広大な_B森林が失われたり，汚染物質が出されたりすると，地球全体に影響をおよぼしてしまいます。

問1　文中の下線Aについて，次の図は，自動車・造船の2つの工業について，日本と大韓民国の生産高の移り変わりを示したものです。大韓民国が図のように工業生産をのばすにあたって，日本とくらべて有利だった条件はなんですか。10字以内で答えなさい。

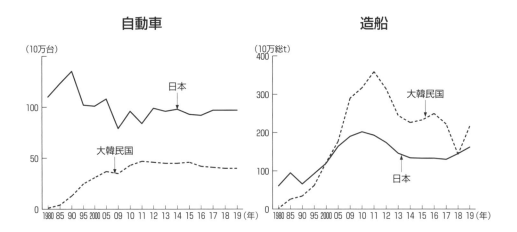

問2　文中の下線Bについて，ある地域の森林が広い範囲にわたって失われると，地球全体にどのような影響をおよぼすのか。10字以内で1つ答えなさい。

久留米大学附設中・改題

解　説 ●

　環境問題は，一国だけの問題でなく，すべての国々が共通して直面する課題です。地球をおお
う**オゾン層**は，太陽光線にふくまれる有害な紫外線から生物を守る役割をはたしていますが，こ
のオゾン層が減少していることが発見されました。また，二酸化炭素の増加による**地球の温暖化**，
工場から出される硫黄酸化物などによる**酸性雨**，熱帯林の減少による**砂漠化**などが問題となって
います。また，森林の減少は光合成を行う植物の減少を意味し，二酸化炭素の増加の原因ともな
っています。

オゾン層の破壊

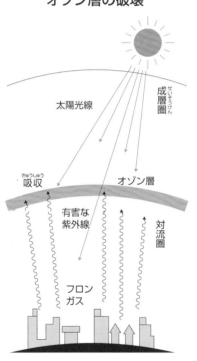

温暖化現象

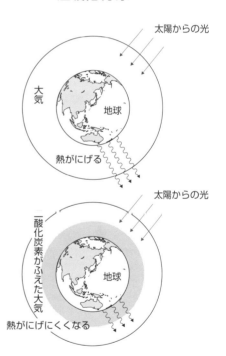

解　答

問1　人件費が安いこと。
問2　温暖化現象がおこる。

入試問題演習

レベルC　鉱工業

（☞ 解答は115ページ）

1　電力に関する以下の問いに答えなさい。

問1　図1は，おもな国の電力源を示したものです。A〜Eのうち，日本はどれにあたりますか。1つ選んで記号で答えなさい。

図1　おもな国の電力源（2016年）

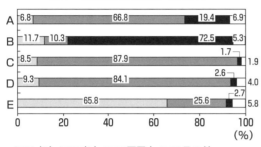

資料：『世界国勢図会2019/20』ほかより作成
※合計が100%になるように調整していない。

問2　火力発電は地球環境にさまざまな影響をおよぼします。次のア〜エの中から火力発電とかかわりのないものを1つ選び，記号で答えなさい。

ア　地球温暖化
イ　オゾン層の破壊
ウ　酸性雨
エ　燃料資源が足りなくなること

問3　図2は，東京にある電力会社の発電所の位置を示したものです。●の記号が示す発電所として正しいものを，次のア〜オの中から1つ選び，記号で答えなさい。

ア　原子力
イ　水力
ウ　風力
エ　地熱
オ　火力

図2　東京にある電力会社の発電所の位置

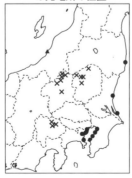

問2　火力発電のための燃料は何かを考えてみよう。

問3　×の記号で示される内陸部の発電所は，何をエネルギー源として使っているのだろうか。

入試問題演習

問4 図2の●の発電所がこのような位置にある理由は何ですか。簡単に説明しなさい。

問5 下の図3は，日本の夏における1日の電気使用量を示した図です。これをみて，この時期に電力を最も使っていると考えられる電気製品を1つ答えなさい。

図3　夏季の1日の電気使用量（2019年8月2日）

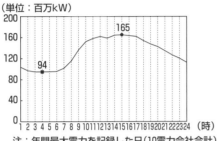

（単位：百万kW）

注：年間最大電力を記録した日（10電力会社合計）
資料：資源エネルギー庁資料

問6 新エネルギーと呼ばれる発電方法のうち，図3の電気使用量が増える時間帯に最も適したものを1つ答えなさい。

問7 新エネルギーによる発電量がなかなか増えない原因について，簡単に説明しなさい。

早稲田実業学校中等部・改題

問5　グラフから，電気使用量の最も多い時間帯を読みとると，午後3時前後であることがわかる。

[2] 次の文章を読み，あとの問いに答えなさい。

　1972年に，「このまま経済成長と人口増加が続くと，人類は100年以内に滅亡する」という驚くべき未来像を発表したのは，ローマ・クラブの『成長の限界』というレポートです。同じ年，ストックホルムで国連人間環境会議が開かれたことも，一般の人に「①地球環境問題」の存在を知らしめるきっかけになりました。それまでは，環境問題とは公害問題のことでした。公害問題は一国内のことなので，各国政府が②環境を汚染する企業活動を監視したり，禁止・規制したりすることで，かなりすばやく対処できました。

　ところが，地球環境問題ではそうはいきません。公害なら，企業を罰したり，責任者を逮捕したりすることができますが，環境を汚染する国家を罰したり，逮捕することはできないからです。このことが環境問題の解決を

難しくしている原因なのです。

　じつは，環境悪化をくいとめるにはどうすればいいのか，という問題に対する答えは，すでに出ています。たとえば，地球温暖化を防止するには，温暖化ガスを出すことをやめればいいのです。砂漠化を食い止めるためには，無理な農地の拡大や家畜の過放牧をやめ，生態系を破壊しないためには③森林を保護し，農業や工業で使用される大量の化学肥料や薬品を減らせばいいのです。酸性雨を防ぐには，私たちが自動車を使う機会を減らしたり，工場からの排ガスを減らせばいいのです。そのことは，すでに④1992年にブラジルで開かれた国際会議で明らかになっていたことでした。

　では，なぜ実行できないのでしょう。国によって事情は違いますが，共通する理由は，「『環境に良いこと』と『豊かな生活』は両立しない」と考えられていることです。

　たとえば，「温暖化や酸性雨を防ぐために，化石燃料を使うのはやめましょう」と言えば，「あなた方は私の会社に倒産しろと言うのか」と自動車会社や航空会社の人は抗議するでしょう。それどころか，日本の食料自給率は約40％で，60％は輸入でまかなっていますから，もし化石燃料がまったく使えなければ，食料を運ぶ船も動かせず，大勢の人が飢えることになりかねません。

　言い換えれば，環境問題を解決するとは，私たちの便利で豊かな生活スタイルそのものを変えなければならない，ということなのです。

　1997年に⑤地球温暖化防止を目指した国際会議が開かれたとき，アメリカは自国が排出する⑥温暖化ガスの量を，1990年に比べて7％削減するという⑦議定書にサインしました。しかし，その後の選挙でG.W.ブッシュが大統領に選ばれると，アメリカは国内経済の安定を理由に議定書から脱退してしまい，世界の厳しい非難を浴びました。

　ローマ・クラブの警告からおよそ50年が経過しました。世界環境は悪化する一方です。私たちが何もしなければ，100年後の地球上に，人類はいなくなっているかもしれません。

入試問題演習

問1 下線部①について，日本で，地球環境の保護を目的として1993年に公布された法律の名称を，漢字5字で答えなさい。

問2 下線部②について，富山県神通川流域で発生したイタイイタイ病の原因となった有毒物質の名称を答えなさい。

問3 下線部③について，アフリカにおける植林事業で，2004年アフリカ人女性としてはじめてノーベル平和賞を受賞した人物の名前を答えなさい。

問4 下線部④について，この会議の名称を，「〜サミット」に合う形で答えなさい。

問5 下線部⑤について，地球温暖化によって引き起こされていると考えられる現象として，正しいものを次の中から1つ選び，記号で答えなさい。
ア　地盤の沈下　　イ　皮膚ガン患者の増加
ウ　銅像や大理石の溶解　　エ　サンゴの白化現象

問6 下線部⑥について，温暖化ガスに当てはまらないものを次の中から1つ選び，記号で答えなさい。
ア　メタン　　イ　窒素酸化物　　ウ　フロン
エ　オゾン

問7 下線部⑦について，この議定書の名称を，「〜議定書」に合う形で答えなさい。

本郷中

問4 この会議のスローガンは「持続可能な開発」で，世界各国の首脳（しゅのう）が集まったことから，「〜サミット」とよばれた。

貿易・交通

例　題　日本の国内輸送の担い手^{にな}に注目する

■　日本の交通について，次の問いに答えなさい。

問1　次のグラフは日本の国内輸送の割合の変化を示しています。貨物輸送と旅客輸送を示すグラフのA，B，Cにあてはまる言葉の組合せを，それぞれ下の①～⑥から選び，番号で答えなさい。

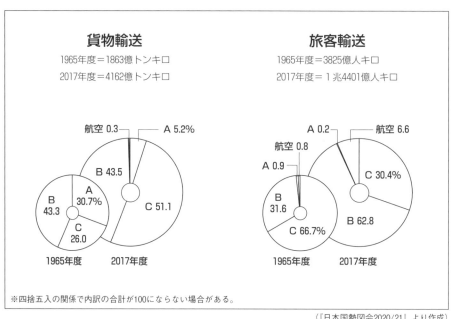

貨物輸送
1965年度＝1863億トンキロ
2017年度＝4162億トンキロ

航空 0.3　A 5.2%
B 43.5
A 30.7%
B 43.3
C 26.0
C 51.1
1965年度　2017年度

旅客輸送
1965年度＝3825億人キロ
2017年度＝1兆4401億人キロ

A 0.2　航空 6.6
航空 0.8
A 0.9
C 30.4%
B 31.6
B 62.8
C 66.7%
1965年度　2017年度

※四捨五入の関係で内訳の合計が100にならない場合がある。

（『日本国勢図会2020/21』より作成）

①　A－鉄道　B－船　C－自動車　　②　A－自動車　B－船　C－鉄道
③　A－船　B－鉄道　C－自動車　　④　A－鉄道　B－自動車　C－船
⑤　A－自動車　B－鉄道　C－船　　⑥　A－船　B－自動車　C－鉄道

問2　貨物輸送について，船で輸送するほうが自動車で輸送するよりも良い点を1つ答えなさい。

普連土学園中・改題

　交通機関の主役は，時代とともに，大きく**鉄道**から**自動車**へと変わりました。また，旅客輸送と貨物輸送とではその担い手に違いがあります。戸口間輸送には自動車，安全性・正確性においては鉄道，速さを求めれば航空機，運賃が安く大量輸送するには船舶というように，それぞれの特色に合わせて利用者が選んでいるからです。

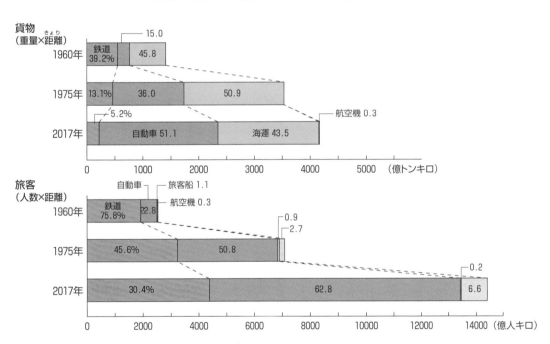

貨物・旅客の輸送量ののびと割合の変化

解　答

問1　（貨物輸送）　①　　　（旅客輸送）　⑥

問2　大きくて重いものを一度に大量輸送できる。

入試問題演習

(☞ 解答は115ページ)

1 日本の国内の貨物や旅客の輸送について，問題に答えなさい。

(1) 表1は，自動車・鉄道・飛行機・船の貨物輸送量の移り変わりを示したものです。A〜Dはア〜エのどれにあたりますか。

ア　自動車　　イ　鉄道　　ウ　飛行機　　エ　船

表1

	1960年	1980年	2000年	2018年
A	0.06	3	11	10
B	545	377	219	194
C	208	1789	3131	2121
D	636	2222	2417	1791

単位：億トンキロ（1トンの荷物を1km運ぶことを1トンキロといいます）
『日本国勢図会2020/21』による

(2) 表2は，自動車・鉄道・飛行機・船の旅客輸送量の移り変わりを示したものです。A〜Dは，ア〜エのどれにあたりますか。

ア　自動車　　イ　鉄道　　ウ　飛行機　　エ　船

表2

	1960年	1980年	2000年	2018年
A	1843	3145	3844	4416
B	555	4317	9512	9179
C	27	61	43	—
D	7	297	797	963

単位：億人キロ（ひと1人を1km運ぶことを1人キロといいます）
『日本国勢図会2020/21』による

(3) 貨物と旅客では，輸送量全体のふえ方の割合がもっとも大きかった時期が同じです。それはいつですか。ア〜ウから1つ選びなさい。

ア　1960〜80年　　イ　1980〜2000年
ウ　2000〜2018年

(4) 1960年以降の貨物の輸送量の移り変わりを見たとき，ふえ方の割合がもっとも大きかったのは自動車・鉄道・飛行機・船のうち，どの交通機関ですか。
その交通機関の輸送量がのびたのは，日本の産業がどのように変化し，どんな品物が多く運ばれるようになったからですか。

栄光学園中・改題

入試問題演習

2 日本の運輸について，以下の設問に答えなさい。

問1 次の4つの表は1965年と2017年の国内貨物輸送と国内旅客輸送の割合（%）のいずれかです。2017年の国内貨物輸送の表を選び記号で答えなさい。また，表中の船舶は船による貨物輸送あるいは旅客船を示しています。

ア

鉄道	30.7
自動車	26.0
船舶	43.3

イ

自動車	51.1
船舶	43.5
鉄道	5.2
航空	0.3

ウ

自動車	62.8
鉄道	30.4
航空	6.6
船舶	0.2

エ

鉄道	66.7
自動車	31.6
船舶	0.9
航空	0.8

※国土交通省の資料により作成した。内訳の合計は100%になるように調整していない。
※貨物については，貨物の輸送トン数とその移動した距離を掛けたトンキロ，旅客輸送については，旅客の数に各旅客の乗車した距離を掛けた人キロという単位を基準に割合を計算している。

『日本国勢図会2020/21』より作成

問2 鉄道輸送について，次のア～オは北海道，東京都，千葉県，大阪府，鹿児島県の各都道府県別のデータです。千葉県を選び記号で答えなさい。

	JR営業キロ （km）2008年	JR乗車人員 （百万人）2008年	JRを除く私鉄などの乗車人員 （百万人）2008年
ア	571.0	721	592
イ	246.0	751	2709
ウ	374.4	3302	6068
エ	2499.8	127	205
オ	341.2	21	19

『2011 データでみる県勢』より作成

問3 ふつうは国内で航空機輸送されないものを下記より2つ選び記号で答えなさい。
ア 福岡県苅田町で生産される一般乗用車
イ 沖縄県で生産される電照菊
ウ 千葉県銚子市で生産される灯台キャベツ
エ 北海道で生産される夕張メロン
オ シリコンアイランドで生産されるIC（集積回路）

問2　北海道は広いので，営業キロが長い。東京都や大阪府では，私鉄がたいへん発達している。

問4　鉄道輸送に比べて自動車輸送にはどのような社会問題がありますか。

渋谷教育学園幕張中・改題

③　貿易に関する以下の問いに答えなさい。

問1　貿易は日本にとって非常に重要であると同時に，ほかの国にとっても重要なことがらです。ですから，貿易をスムーズに行えるようにするために，国際的なルールを作っています。これについて述べた次の文章の空らんに最も適する語句を，（ ア ）と（ イ ）は漢字で，（ ウ ）は漢字またはアルファベットで答えなさい。なお，（ ア ）には漢字7字の語が入ります。

> 　自分の国だけが得をし，ほかの国が損をするような貿易は紛争の原因となります。実際に（ ア ）の原因の一つは，大国がルールを守らない貿易を行っていたことでした。そこで（ ア ）後には，自由な貿易を世界中で進めていくためにガット（GATT：（ イ ）および貿易に関する一般協定）が結ばれ，1995年にはこれを発展させて（ ウ ）が設立されました。（ ウ ）は，たとえば加盟国が輸入品に対してむやみに高い（ イ ）をかけないよう監視しています。

問2　貿易には，輸入した品物の代金を払ったり，輸出した品物の代金を受け取ったりすることが必要になりますが，このようなときに現在最も広く使われている通貨はアメリカ合衆国のドルです。そのため，貿易の際にはそれぞれの国の通貨とドルの交換比率がとても重要になってきます。たとえば，日本円とドルの交換比率が［①1ドルを100円と交換できる］［②1ドルを200円と交換できる］といった二つの場合ではどのようなちがいが出てくるのでしょうか。次の(1)～(3)の問いに答えなさい。

(1)　100万円の自動車を日本からアメリカ合衆国へ輸出することにします。［①1ドルを100円と交換

入試問題演習

できる］ときと，［② 1 ドルを200円と交換でき
る］ときに，この車の代金として日本側は何ドル
受け取りますか。それぞれの場合について答えな
さい。ただし，輸送費や税金，手数料などは考え
ないものとします。また，その結果をふまえると，
どちらが輸出に有利だといえますか。①，②の番
号で答えなさい。

(2) ［① 1 ドルを100円と交換できる］状態から［②
1 ドルを200円と交換できる］状態へと交換比率
が変化することを何といいますか。漢字で答えな
さい。

(3) ［① 1 ドルを100円と交換できる］状態から［②
1 ドルを80円と交換できる］ようになると，どの
ような影響（えいきょう）が起こるでしょうか。次の文の（ ① ）
〜（ ⑤ ）に最も適する語句を下のア〜カから選び，
記号で答えなさい。

> 1 ドルが100円から80円になると，（ ① ）し
> やすくなり，物価が（ ② ）ので，品物を買うと
> きには（ ③ ）になる。しかし，（ ① ）した品物
> と同じものを国内で作っている人には（ ④ ）と
> なる。また，（ ⑤ ）はしにくくなる。

ア 輸出　　イ 輸入　　ウ 上がる
エ 下がる　オ 有利　　カ 不利

学習院中等科

考えるヒント

(2) 円の価値（かち）が下がったこと
になる。

レベルA　日本の自然

（問題はP.6〜）

1　問1　イ　問2　エ　問3　ウ
　　問4　イ　問5　イ　問6　イ
　　問7　ア　問8　オ

2　(1)a　(2)l　(3)k　(4)b　(5)j　(6)e
　　(7)i　(8)c　(9)d　(10)g

3　(1)（エ）・和歌山県　(2)（ク）・秋田県
　　(3)（カ）・山梨県　(4)（ウ）・山口県
　　(5)（イ）・北海道

4　ア津軽海峡　イ奥羽山脈　ウ越後山脈
　　エ利根川　オ木曽川　カ中国山地　キ瀬
　　戸内海　ク筑後川

5　①利根川・オ　②大井川・カ　③最上
　　川・イ　④木曽川・キ　⑤信濃川・ウ

6　問1　A飛騨山脈　B木曽山脈　C赤石
　　山脈　（地溝帯）フォッサマグナ　問2
　　A上川盆地　B関東平野　C甲府盆地
　　D筑紫平野　①カ　②ア　③エ　④イ

レベルA　農林水産業

（問題はP.14〜）

1　(1)　①カ　②キ　③オ　④ケ　⑤コ
　　(2)　①北海道　②新潟県　③静岡県　④
　　千葉県　⑤佐賀県

2　①サ　②サ　③ツ　④ク　⑤ナ　⑥オ
　　⑦キ　⑧セ　⑨ス　⑩サ　⑪サ　⑫ク

3　問1　(i)A（オ）　B（イ）　(ii)石狩　問2
　　日本人の食生活が洋風化し、米をあまり
　　食べなくなった。　問3　減反　問
　　4　販売（流通）　問5　輸入　問6
　　（ア）　問7　（エ）

4　（語句）1（キ）2（イ）3（ケ）4（エ）5（ス）
　　6（ソ）7（シ）8（ア）9（カ）10（コ）
　　（地図）1I　2A　3F　4B　5C

6G　7H　8J　9E　10D　　問1
①2　②10　③4　④3　　問2　（ウ）

5　[1]ウ）　[2]①イ　②ア　　[3]ウ）
　　[4]1)エ）　2)ア）　3)イ）

6　問1　知床半島　問2　オ　問3
　　オ　問4　エ　問5　エ　問6
　　ア　問7　ウ　問8　焼津　問9
　　イタイイタイ病・カドミウム　問10
　　促成栽培　問11　日本海流（黒潮）
　　問12　潮目

レベルA　鉱工業

（問題はP.24〜）

1　問1　1イ　2エ　3カ　4ア　5ウ
　　問2　1カ　2エ　3ウ　4ク　5ア
　　問3　コメ

2　問1　①関東　②九州　③太平洋ベルト
　　④高速　⑤フェリー　　問2　①関東内
　　陸　②京浜　③東海　④中京　⑤阪神
　　⑥北九州　　問3　（あ）京浜　（い）中京　（う）
　　阪神　（え）関東内陸　（お）東海　（か）北九州

3　①11　②1　③7　④3　⑤4

4　(1)　問1　太平洋ベルト　　問2　①
　　D・オ　②E・カ　③B・イ　　(2)　問
　　1　ア　問2　ウ　問3　エ

5　(1)①カ　②オ　③ア　　(2)北陸工業地域
　　(3)原料の輸入や製品の輸出に便利な港が
　　たくさんあるから。（広い工業用地やた
　　くさんの労働力を得やすいから。）　　(4)
　　（工業）機械工業　（製品）自動車　　(5)鉄
　　鉱石・ボーキサイトなど　　(6)①イ　②
　　大工場　　(7)ア・エ

6　問1　1シ　2オ　3コ　4ク　5イ
　　6ス　　問2　①中京工業地帯　②京
　　浜工業地帯

7 問1　Aウ　Bオ　Cエ　Dア　Eイ
　　問2　(1)キ　(2)イ　(3)カ　(4)ケ　(5)ク
　　問3　Aア　Bカ　Cオ　Dウ　Eエ
　　問4　Aイ　Bエ　Cイ　Dウ　Eア

レベルA　貿易・交通
(問題はP.36〜)

1　ア3　イ5　ウ1　エ3　オ5
2　問1　②　問2　②　問3　加工貿易　問4　③　問5　関税　問6　貿易摩擦　問7　自動車　問8　①D　②B　③F
3　①イ　②ア　③ウ　④オ　⑤エ
4　ア④　イ⑥　ウ⑧　エ⑦　オ②
5　問1　①　問2　②　問3　あ④　い①　う⑤　問4　ア③　イ①　問5　ウ④　エ①　オ⑤　問6　サウジアラビア　問7　中国　問8　中国　問9　（1番目）④　（2番目）⑤　（3番目）②

レベルB　日本の自然
(問題はP.44〜)

1　問1　1く　2か　3う　4け　5え　6あ　問2　(地図A)あ　(地図B)え　問3　・しめった北西の季節風が吹くから。　・日本列島の中央部に山地、山脈があるから。
2　問1　ア　問2　ア　問3　利根川　問4　信濃川　問5　河川の長さは短く、川の水の流れが急である。　問6　埼玉県・群馬県　問7　扇状地(盆地)が広がっている。
3　問1　(1)う　(2)え　(3)あ　(4)き　(5)け　(6)か　問2　(1)な　(2)の　(3)に　(4)ね　(5)は　(6)ち
4　問1　②エ　⑤イ　A(い)　B(か)　C(え)　D(あ)　E(お)　問2　カB　キD　クC
5　1　①ウ　②イ　③カ　④ア　2　①い　②か　③お　④あ
6　問1　(1)お　(2)う　(3)き　(4)あ　(5)く　(6)か　(7)え　(8)け　問2　(3)ち　(5)す　(7)に　(8)つ

レベルB　農林水産業
(問題はP.54〜)

1　ア北海道　イ岩手県　ウ千葉県　エ和歌山県　オ愛媛県
2　Aイ　Bオ　Cエ　Dウ　Eア
3　問1　(1)ア鹿児島県　イ北海道　(2)カ　(3)いぐさ　(4)ウ　(5)ア　問2　ア大陸棚　イ　プランクトン　問3　エ　問4　E　問5　栽培漁業
4　問1　(3)　問2　(2)　問3　ハ　問4　ロ・ニ　問5　ロ　問6　④
5　問1　ウ　問2　(樹木の種類)Aぶな　Bひば　じえぞまつ　Dひのき　(位置)Aオ　Bエ　Cア　Dキ　問3　カナダ　問4　外国から安い木材が輸入されるようになり、木材の値段が下がったから。
6　(1)　問1　釧路　問2　北洋　問3　沿岸各国が200カイリ漁業専管水域を設定して、自由に漁ができなくなったから。　問4　ウ　(2)　問1　越後平野　問2　信濃川　問3　冷害のときや病虫害が発生したときに、一つの品種だと被害が大きくなってしまう。

解答

レベルB　鉱工業
（問題はP.66〜）

1 問1　(1)A　(2)石油危機がおこって不景
気になったから。　　問2　㋐③　㋑①
問3　㋐B　㋑E　問4　㋐②　㋑⑤
問5　㋑

2 問1　Aイ　Bオ　問2　石炭がとれ
たところ。　　問3　(1)A倉敷　B室蘭
(2)海に面したところ。　(3)原料を外国か
ら船で輸入してくるから。

3 問1　石油化学コンビナート　　問2
あ　問3　う　問4　い　問5
(分布)海沿いの港のそばに建てられてい
る。　(理由)原料である石油をタンカー
で外国から輸入しているから。
問6　い

4 問1　太平洋ベルト　　問2　ウ　　問
3　aオ　b関連工場(下うけ工場)
c 1エ　2(1)ア　(2)ウ　dイ　e空港

5 問1　X東海　Y太平洋ベルト　　問2
(1)カ　(2)Aエ　Bカ　問3　イ・エ
問4　ア・⑦，エ・④，カ・⑨，ク・③
問5　(1)ウ　(2)ア　(3)イ　問6　(1)エ
(2)ケ　(3)キ　(4)オ　(5)ク　問7　(1)ウ
(2)ア・オ　問8　エ　問9　イ・エ
問10　オ

6 (1)エ　(2)イ　(3)◆ク　●ウ　▲エ　(4)①
ウ　②ア　③ク　(5)エ

レベルB　貿易・交通
（問題はP.80〜）

1 問1　(成田国際空港)エ　(清水港)ア
問2　中国　問3　フェアトレード

2 (1)ウ　(2)ア　(3)オ　(4)(3番目)ウ　(4
番目)ア　　(5)オ　(6)エ

3 問1　加工貿易　　問2　石油　　問3
オーストラリア　　問4　a96円　b1
万ドル　　問5　成田市　　問6　aウ
bエ

4 (1)①イ　②オ　③エ　(2)成田空港には,
速度の速い航空機を利用することで，傷
みやすい魚介類でも遠くの外国から新鮮
なうちにとどけられるから。

5 問1　安く大量に輸送できる　　問2
1)D　2)C　3)㋐　4)ペルシア湾
問3　高度経済成長　　問4　集積回路
問5　1)イ　2)騒音問題が発生しない
ので，24時間使用することができる。
問6　ハブ

6 (1)A船　B鉄道　C自動車　D飛行機
(2)鉄道による輸送が減り，自動車による
輸送が増えている。　(3)渋滞などで運行
時間が不正確である。(大気汚染や交通
事故がおきる。)

レベルC　日本の自然
（問題はP.90〜）

1 問1　ウ　　問2　佐渡島　　問3　瀬
戸内の気候　　問4　日本海流　　問5
イ　問6　ウ　問7　エ　　問8
D　問9　ア　　問10　CとF

2 1ウ　2ア　3右図　4ア8　イ4　ウ
9　エ11　オ6
5アえ　イう
ウか

レベルC　農林水産業

（問題はＰ.96〜）

1　問1　エ　問2　イ　問3　エ
問4　年齢別農業就業者割合を見ると，約7割が65歳以上である。また，産業3部門別就業者割合を見ると，農業をふくむ第1次産業の割合が年々減少している。このことから，将来の日本の農業をになうあとつぎの不足が問題点として考えられる。

2　問1　イ　　問2　コシヒカリ　　問3　[1]右図　[2]耕地整理　　問4　[1]種もみを塩水につけ，重くてしずんでいる種もみだけを選ぶ。[2]しろかき　[3]中干し　[4]カントリーエレベーター　問5　エ

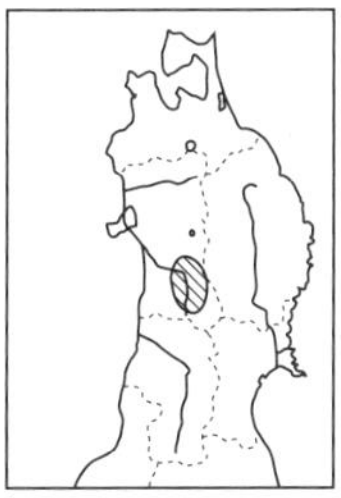

レベルC　鉱工業

（問題はＰ.102〜）

1　問1　Ｃ　問2　イ　問3　オ
問4　発電の燃料となる石油などを船で輸送するため。　問5　エアコン
問6　太陽光(太陽熱)発電　問7　設備に費用がかかるため。

2　問1　環境基本法　　問2　カドミウム　　問3　ワンガリ・マータイ　問4　地球サミット　問5　エ　問6　エ　問7　京都議定書

レベルC　貿易・交通

（問題はＰ.108〜）

1　(1)　Ａウ　Ｂイ　Ｃア　Ｄエ　(2)　Ａイ　Ｂア　Ｃエ　Ｄウ　(3)　ア　(4)(交通機関)飛行機　(のびた理由)石油危機以後，金属や化学などの重量のある原料を必要とする工業から，機械工業に中心が移った。特に半導体のように小型で高価な製品の移動が増えるようになると，航空機による輸送も徐々に増加していった。

2　問1　イ　問2　ア　問3　ア・ウ
問4　排気ガスによる大気汚染や，交通渋滞を引きおこす。

3　問1　ア第二次世界大戦　イ関税　ウ世界貿易機関(ＷＴＯ)　問2　(1)①10000ドル　②5000ドル　(番号)②　(2)円安　(3)①イ　②エ　③オ　④カ　⑤ア